Johann Georg Ernst Hoffmann

Hiob

Johann Georg Ernst Hoffmann

Hiob

ISBN/EAN: 9783744663182

Hergestellt in Europa, USA, Kanada, Australien, Japan

Cover: Foto ©ninafisch / pixelio.de

Weitere Bücher finden Sie auf **www.hansebooks.com**

HIOB

NACH

JOHANN GEORG ERNST HOFFMANN

KIEL

C. F. HAESELER

1891

MEINEN LIEBEN FREUNDEN

EUGEN PRYM IN BONN

UND

ALBERT SOCIN IN LEIPZIG

ΗΛΙΞ ΗΛΙΚΑ ΤΕΡΠΕ ΓΕΡΩΝ ΔΕ ΤΕ ΤΕΡΠΕ ΓΕΡΟΝΤΑ

Die Absicht dieser Uebersetzung beschränkt sich darauf, den Gedankenzusammenhang des Gedichtes Hiob, der in dem Bau des Ganzen wie hinter und zwischen den Gleichnissen und Gliedern der Rede verhüllt liegt, ausdrücklich hervortreten zu lassen. Sie stellt das Ergebnis einer eingehenden Auslegung dar, welches fast in derselben Gestalt ein paarmal unter Zuhörern des Uebersetzers handschriftlich verbreitet worden ist, um von der Tragweite und Verknüpfung der Einzelerörterungen ein übersichtliches und festes Bild zu gewähren. Zwar hat die Erfahrung vieler Jahre gezeigt, dafs Entscheidungen und Vermutungen über die gegebenen Schwierigkeiten bei neuem Nachdenken wechseln oder zurücklaufen; aber weil wesentliche Gedanken ihren Schwerpunkt behaupteten, scheint es nicht zu gewagt, die Flucht der Erscheinungen durch diese Veröffentlichung aufzuhalten.

Kiel, den 14. Oktober 1890.

G. H.

Ordnung.

Hiob		1—24 12.
	Bildad	25. 24 13—25.
		26—27 2—6.
	Zophar	27 7—28 28.
		29 2—31 34 38—40 b 35—37.
		38 1—13 a 14 a 16—22. 24—39 30.
		40 15—41 5—26.
		40 2—14.
		42.
Elihu		32 1. 6—34 1—22. 24—28. 23. 29—37.
Zerstörer		27 1. 29 1. 31 40 c. 32 2—5. 38 13 b 14 b 15 23. 40 1. 41 1—4.

Plan des ursprünglichen Buches.

Die Entdeckung des Buches Hiob, welche darin von Anfang bis zu Ende uneingeschränkt vertreten wird, lautet, daſs das Leid des Menschen gröſser ist, als seine Schuld vor Gott. Der Schluſs der gewöhnlichen Lehre über die Gerechtigkeit Gottes von jenem auf diese wird für falsch erklärt und das gute Gewissen von dem Alpdruck der Schande befreit, wiewohl der physische Schmerz ungerechtfertigt bleibt. Die Frömmigkeit hierdurch nicht beirrt, sondern befestigt, besteht nach wie vor in demütigem Vertrauen und Sehnsucht nach Gott, welcher die Lösung dieses sittlichen Widerspruchs sich kraft seiner mit der des Menschen unvergleichbaren Natur vorbehalten hat.

Die Darstellung in Einleitung, Dialog und Schluſs bleibt in allen Einzelheiten mit sich in berechnetem Einklange und verteilt die Rollen der miteinander streitenden Parteien so, daſs keine ihren Standpunkt je verläſst, sondern folgerichtig entwickelt. Dabei bleibt Temperament und Lage der Redenden, zumal die Krankheit des Hiob ohne den geringsten Einfluſs auf den Inhalt der Behauptungen: es redet immer der gesunde Verfasser aus den verschiedenen Masken, welchen er denjenigen Ausdruck giebt, den Ernst und Schwere jeder durch ihn vertretenen Anschauung erfordern. Individuelles dramatisches Gepräge hat nur die Gestalt des Hiob, der durch Leiden handelt, um dem Angriff gegen die alte Lehre Kraft zu geben. Aus ihr allein redet das Herz des Verfassers. Die drei Gegner gleichen dem Chor des antiken Dramas; keiner unterscheidet sich von dem andern; alle stehn für einen Mann.

Die Lösung des Verfassers tritt in dem Schiedsspruch Gottes und dessen Einführung hervor, und diese bestehn in der Verflechtung jener parallelen Strähnen richtiger Gedanken, welche durch die Reden der Gegner nicht minder als wie diejenigen Hiobs laufen.

Was Hiob betrifft, so wird schon in der Einleitung seine Vollkommenheit und Unschuld an der späteren Krankheit für den Leser aufser Zweifel gestellt und demgemäfs sein Bewufstsein davon durchweg festgehalten. Dieser Inhalt seines Gewissens ist der Ausgangspunkt seiner Verabscheuung der alten Irrlehre, dafs alles Leiden Schuld bedeute. Von dem Wissen um seinen Fall aus erblickt er zahlreiche Fälle ähnlichen Unglücks Gerechter, erkennt er das unverdiente Glück und die Straflosigkeit vieler Bösewichter. Aus seinem Gewissen urteilend, was falsch sei, des Richtigen noch ungewifs, weil er es nicht anerkannt sieht, graut ihm vor der Willkür und Unbarmherzigkeit Gottes, die seiner eignen Barmherzigkeit zu seinen Mitmenschen so entgegengesetzt scheint, und schleudert er, nach dem Willen des Verfassers, mit gerechter Empörung ihm diese Vorwürfe entgegen, sobald er sich vorstellt, Gott könne ihm zumuten, die Thatsache seiner Krankheit als einen Rechtszustand im Sinne seiner Gegner anzuerkennen. Allein diese Blasphemien treffen den Götzen seiner Gegner, nicht den Gottesbegriff, den er erzeugt, indem er sich nach ihm sehnt. Denn auf dem Grunde desselben Gewissens der Reinheit beruht sein Verlangen und seine unentwegte Liebe zu Gott, die eins sind mit dem Wunsche nach seiner Rechfertigung wie dem Vertrauen, dafs Gott ihn müsse rechtfertigen. In keinem Augenblick entspricht er der Rechnung des Teufels in der Einleitung, dafs diese Lage ihn zum Abtrünnigen machen werde : sondern im Gegenteil, je schlimmer sie wird, der Gerechte gewinnt durch sein reines Gewissen nur desto mehr Mut (17, 9). Es erhellt die bewufste Meinung dieses Weisheitslehrers, dafs Zweifel, welcher auf gewissenhafter Ueberzeugung beruht, weil er von Gott stammt, berechtigt ist, die prophetische Offenbarung durch Auslegung, nicht etwa durch Aufhebung zu verbessern.

Auf Seiten seiner Gegner tritt gegenüber dem auf das Gewissen gegründeten Rechtsanspruch Hiobs als Unrecht hervor die Unterstellung von Schuld, welche lediglich Ausfluſs überlieferter Lehre ist. Die Befangenheit in dieser zwingt die Gegner dazu. Vielleicht ist Hiob ein heimlicher, verstockter Sünder, der seine Schuld unterschlägt und den sein Leiden zum Bekenntnis bringen soll, vgl. 5, 17. 15, 5. 19, 4. 20, 27. 22, 5; vielleicht ein vergeſslicher, weil die Krankheit sein Gedächtnis trübt : 22, 11 gegen 23, 17; vielleicht leidet er Strafe für ein Vergehen seiner Väter : 27, 14 gegen 21, 19. Sie bringen keinen Einwand vor ohne bestimmte Voraussetzung seiner Schuld, die er natürlich vor der Krankheit auf sich geladen hätte. Nichts aus dem Gesichtspunkt möglicher Unschuld betrachtend, verstehn sie Hiobs Entrüstung nicht und deuten sie als frevelhafte Ueberhebung. Ihrerseits glauben sie die Gottesfurcht zu retten, wenn sie die alte Lehre mit unbedingter Folgerichtigkeit an den Weltbegebenheiten und der Tradition entwickeln. Weil sie den Fall, den der Verfasser von vorneherein setzt, in diesem Zusammenhange nicht anerkennen, bekommen sie zum Schlusse Unrecht.

Nun aber bringt der Verfasser den Hiob in einem einzigen Punkte in Nachteil gegen seine Gegner, einem Punkte von grundlegender Bedeutung. Er besteht nicht in dem Aufschrei über Vergewaltigung und Grausamkeit 10, 13—17. 19, 7, noch weniger in dem Ungestüm der Sprache. Beides ist durch das falsche Licht, in welches ihn die Anschauung rückt, gegen welche er anstürmt, entschuldigt, und als Folgerung für den Fall, daſs Gott auf Seiten der Gegner vorausgesetzt würde, gerechtfertigt, überdies unbedingt notwendig als Beglaubigungsmittel für die Sicherheit und Echtheit seiner Ueberzeugung. Was für ein Schelm oder Stümper wäre auch der Verfasser, hätte er seinen Helden schwächlicher auftreten lassen! Nein, Hiob geht demselben darin zu weit, dafs er zum Sitze Gottes zu dringen, nicht immer blofs wünscht, um von ihm gerechtfertigt zu werden, sondern auch um von ihm Rechenschaft zu fordern auf dem Fufse ebenbürtiger Vernunft. Wenn er auch die unendliche Ueberlegenheit der Macht Gottes voraussetzt und sogar seine Schöpferweisheit theoretisch und im allgemeinen anerkennt, bei der Verteidigung seines Falles macht er praktisch keinen Gebrauch von dieser Einsicht. Er gebärdet sich, als könne er, wenn nur durch die Krankheit nicht gehindert, Gott den Richter, gerade wie seine Freunde, mit Beweisen zwingen. Dem entsprechend entscheidet zum Schlufs Gott Richter zu Gunsten Hiobs keineswegs, weil er durch dessen Gründe überzeugt worden wäre, sondern weil derselbe unschuldig war, und aufserordentlich klug hat die Darstellung dieses von Anfang vorgesehn. Gott erkennt die Wahrheit der Sache Hiobs und aller Gerechten in ähnlicher Lage an, eine Deutung ihres Zusammenhanges nach dem Mafsstabe menschlicher Vernunft verbittet er sich.

Jenem schwachen Punkte in Hiobs Auffassung entspricht mit symmetrischer Genauigkeit der starke auf Seiten der Gegner. Nicht nur betonen diese, Hiob dürfe seine Klage nicht zur Anklage Gottes auf Ungerechtigkeit steigern; Gott sei zu erhaben, um einen Nutzen aus menschlicher Frömmigkeit zu ziehn; Gottesfurcht wie Moral seien um der Menschen willen, zu deren gegenseitigem Vorteil da (22, 2 ff. vgl. die Elihureden) — sondern sie gründen dies auch von vorneherein auf den wahren Grund aller Gottesfurcht: den Wesensunterschied zwischen Gott und Mensch. Von Natur ist zwischen Gott, Engeln und Menschen gar kein Vergleich weder an Macht, noch an Weisheit, noch an Heiligkeit. Letztere beiden werden mit der Lichtnatur Gottes, von welcher Engel und Menschen in abgestufter Weise zehren, gradezu gleichgesetzt: 4, 17; 5, 7; 25; 24, 13. Diese Einsicht menschlicher Unzulänglichkeit vor Gott wird auf unmittelbare göttliche Inspiration — eine Umschreibung prophetischer Offenbarungsweise — zurückgeführt (4, 12—17), wodurch ausgeschlossen ist, daſs dieselbe nicht auch des Verfassers Standpunkt wäre. Die Schilderungen, welche die Ueberlegenheit göttlicher Weisheit berufen, gipfeln im Munde der Gegner mit unausweichlicher Folgerichtigkeit in der Auseinandersetzung, daſs zum Sitze der göttlichen Weisheit zu dringen — was gerade Hiob begehrte (23, 3. 4) — keinem Sterblichen möglich, dagegen ihm die Anerkennung dieser Schranke — die Gottesfurcht — geboten sei: K. 28 vgl. S. 27.

Schon aus ästhetischen Gründen hat der Dichter vermieden, und muſste, weil er ein frommer Mann, und nicht gekommen war, die Gottesfurcht aufzulösen, sondern zu vertiefen, es vermeiden, der einen Seite der Streitenden alles Recht, der anderen alles Unrecht anzuvertrauen, sonst hätte er für den Richter auch keine Rede, sondern nur noch eine Handlung übrig behalten. Daſs alles persönliche Mitgefühl, sachliche Recht und des Buches Neuerung auf Seiten seines Helden liegt, gleicht er dadurch aus, daſs er ihn gegen die Gottesfurcht, die er nie aufgeben will, gleichwohl zu viel beweisen läſst, dagegen die Stellung der Gegner durch jene unwiderlegliche Begründung derselben verstärkt. Während aber diese fehlgreifen, indem sie mit ihrem überlegenen Beweisgrund die alte Gerechtigkeitslehre, namentlich aber auch die Verleumdung Hiobs unzertrennlich verquicken, geht Hiob irre, sofern er die nämliche Vorstellung von Gottes überherrschender Kraft vorträgt — 9; 11; 12; 26; 27, 1—6 — nicht bloſs, um die Rätselhaftigkeit seines Schicksals und des Wesens Gottes damit zu verdeutlichen, vielmehr in den Fehler seiner Gegner fallend, um die Unebenbürtigkeit zwischen Gott und Mensch als verkehrte Weltordnung zu verklagen (9, 32) und eine Lösung zu unterstellen, welche Gott beschuldigt und das Zugeständnis seiner eignen Unzulänglichkeit thatsächlich aufhebt.

Mit dem Auftreten Gottes als Schiedsrichters klärt sich des Verfassers Stellung zum Dialoge. Gott erscheint dem Hiob mit Augen sichtbar wie dem Mose am Sinai, von der Sturmwolke verschleiert, damit der Sterbliche den Anblick ertrage. Mit dieser Herablassung wird die Liebe und durch nichts zerstörbare Sehnsucht des Frommen erwidert. Nun entfällt jeder Gedanke, daſs Wahrheit von Gott nicht anerkannt werde, daſs Körperschmerz Gottes bösen Willen und grausame Lust an seinem Opfer bedeuten möge : soviel besagt die That; die Worte des Richters wenden sich zunächst gegen das unrichtige und vermessene Zuviel in Hiobs Reden, um dessen Miſsbrauch abzuschneiden. Zum Zeichen, in welchen Grenzen die drei Gegner Recht behalten sollen, macht Gott deren pièce de résistance zu seiner Ansicht und entwickelt die unendliche Ueberlegenheit seiner Weisheit im einzelnen. Hier nimmt der Verfasser die Gelegenheit wahr, seiner Bewunderung der Schöpfung und Lust am Schildern aufrichtigen und desto breiteren Ausdruck zu geben, als sein Abstractions- und Subsumtionsvermögen schwach ist. Er malt, wie die Schöpferweisheit sich in der Lebensfürsorge spiegelt. Die kann der Mensch weder begreifen, noch nachahmen. Die Ordnung im Kosmos und der socialen Welt, deren Dasein und Notwendigkeit doch dem Menschen gleich einleuchtend sind, wie hätte er die Macht und den Verstand sie aufrecht zu erhalten? Was er aber nicht nachzuthun versteht, versteht er auch nicht nachzudenken. Wenn er einräumt, daſs Gott vieles schafft, was dem Menschen Leben und Glück ermöglicht, wenn er also sein Wohlwollen für ihn im ganzen erkennt, so möge er im übrigen glauben, daſs die Unvollkommenheit, welche er empfindet, bei Gott irgend einen vernünftigen Grund haben werde.

Etwa diese Gedanken werden teils ausdrücklich, teils in die Schilderung versteckt in zwei Absätzen von Gott vorgetragen. Die erste ausführliche Vorhaltung beantwortet

Hiob wie geblendet von dem Anblick Gottes mit ehrfürchtigem Verzicht auf weiteres Reden: Gott vor Augen ist ihm klar, daſs seine Gründe nichts besagen. Nachdem ihn der Richter durch eine zweite Rüge zum Sprechen ermutigt hat, bekennt er sein Unrecht: die Herausforderung Gottes zum Rechtstreit auf gleichem Fuſse mit seinem Geschöpf; thut dies jedoch mit der wichtigen Entschuldigung, daſs ihn hierzu erst das Schauen Gottes, d. h. der unendliche und wahre Begriff der Gottheit, in den Stand setze; was er vorher von ihm gewuſst habe, sei nur Hörensagen d. h. überlieferte menschliche Dogmatik gewesen. Hiobs Abweisung derselben durch göttliche Offenbarung heilig zu sprechen ist die letzte Absicht des Verfassers.

Diese Auffassung Hiobs verbunden mit demütiger Ergebung in den Willen seines Schöpfers — denn noch ist er krank — wird dem Dulder von Gott sogleich als die rechte bestätigt. Sein Triumph ist vollständig. Die Dogmatik der Gegner über Gottes Gerechtigkeit mit der Zuspitzung, welche zur Verleumdung eines Unglücklichen führt, ist eine so unverzeihliche Frevelthat, daſs nur die Fürbitte, d. h. die Vergebung des Geschändeten, sie sühnen kann. Mit der Fürbitte Hiobs für seine Anschwärzer noch mitten in der Krankheit ist der letzte Beweis dafür erbracht, daſs der Fromme umsonst fromm ist, und die Rechnung des Teufels, welche auf der Vergeltungslehre fuſste, zu Schanden gemacht. Die Frömmigkeit um ihrer selbst willen, d. h. aus Sehnsucht nach Gott, fällt wie ein Erstling vom Baum der neuen Erkenntnis.

Die Wiederherstellung Hiobs, welche nun erst erfolgt, berührt die Theologie nicht mehr, so wenig wie die Veranlassung der Krankheit im Himmel sie berührt. Denn von den Beweggründen Gottes bei einem wirklichen Fall dieser Art hat der Dichter bekannt nichts wissen zu können. Für die Dichtung steht ihm frei, unter den möglichen Beweggründen den läſslichsten zu einem Anfange, und zum Schluſs den im Einklange mit diesem befriedigendsten zu wählen, oder aus der Sage, seiner Vorlage, zu übernehmen.

Es bleibt noch übrig an drei Dinge zu erinnern, in welchen der Verfasser sich als echten Israeliten bewährt. Er ordnet menschlichen Verstand im allgemeinen der Offenbarung unter, ohne zu ahnen, daſs der Gebrauch desselben, auf welchem in diesem und jedem Falle die Messung göttlicher Gerechtigkeit und mithin die Zerstörung der naiven Dogmatik beruht, gründlicher angewendet, trotz aller Unzulänglichkeit, zur Kritik der ebenfalls nicht ausreichenden Offenbarung, welche über das sittliche Bedürfen hinausgreift, und zur Ausschmelzung auch ihrer Schlacken führt: der Prometheus Wissenschaft konnte nur aufwachsen, weil Zeus ein sittenschwacher Gott war. Er setzt ferner überall als etwas Selbstverständliches voraus die Möglichkeit vollkommener Erfüllung der göttlichen Gebote, soweit sie für Menschen bestimmt sind, durch diese, und gebraucht sie zum Beweis in K. 1; 23, 12 ff. Vertiefung des Schuldbewuſstseins ins Unergründliche ist erst ein Gegentrieb der Verewigung persönlichen Daseins. Hätte er die Hoffnung einer Rechtfertigung der Seele mit ihrem Bewuſstsein nach dem Tode auch nur an einem Zipfel erfaſst, wie dürfte man ihm so geringe Kraft, weiter zu denken, und so wirre Fahrlässigkeit selbander zutrauen, als die Annahme erfordert, daſs er jene Hoffnung zwar wie einen rasch erleschenden Gedankenblitz seinem Helden in den Mund gelegt, aber nicht gemerkt habe, daſs dieser Ausweg Not und Zweck seines ganzen Buches überflüssig macht? (K. 19). Unsterblichkeit der Seele hätte dem Monotheisten nach Heidentum geschmeckt.

Ueber den Weg zum Zweifel des Frommen.

In Israel wie sonst im Altertum trat der Werth des Lebens, Leidens und Sterbens des Einzelnen in der öffentlichen Vorstellung weit hinter der Teilnahme an dem Schicksal der Gesamtheit zurück. Die groſsen Fragen der

Religion, des Rechts und der Sitte wurden mit Beziehung auf das Leben der Nation oder das Verhältnis zwischen den Völkern aufgeworfen und gelöst. In diesem Volke fesselte noch ein besonderer Grund die denkenden Geister an diese Richtung: die Einzigkeit der Empfindung, welche sie mit dem nationalen Gotte verbanden, dafs er der ausschliefsliche sei in Bezug auf Sein und Widerspruchslosigkeit des sittlichen Wesens. Dieser zweiseitige unscheidbare Gedanke, so alt wie Israels Geschichte, war eine vorausbestimmende Kraft von so logischem Zwange, dafs sie das Vertrauen in die Dauer des Volkes dieses Gottes und seinen Glauben an die überragende Wichtigkeit Israels nicht nur erwecken und erhalten, sondern auch in dem Mafse stärker entfachen mufste, als die Weltereignisse beide zu bedrohen schienen. Die Ueberzeugung von der Unzerstörbarkeit des Volksgottes und des Fortschreitens seiner Anerkennung däuchte unzertrennlich von der nächsten aller Sorgen um den Verbleib der Nation und die Art ihres Fortlebens. Die Hüter dieser innigsten Verbindung der Gedanken kannten keine andere Gestalt ihres Ideals als die eines Allgemeinen Interesses. Zu dem Inhalte desselben gehörte als selbstverständliche, von den Vätern vererbte Voraussetzung, welche dem Rechtsverhältnis zwischen Bürgern nachgebildet war, dafs Gottes Gerechtigkeit zwischen ihm und dem Volke im ganzen vollkommen sei, und in ihrem Rahmen und aus ihr abgeleitet die Vorstellung, dafs auch dem Einzelnen nach Mafsgabe seiner Thaten von Gott vergolten werde, Gutes dem Guten, Böses dem Bösen. Es war ferner die angemessenste Meinung für den Sinn des Frommen, der aus Grauen vor der dunkelen Unendlichkeit dazu neigt, auf den Balken im eignen Auge eher als den Splitter im fremden zu merken, dafs der mächtigere Gott auch die gerechtere Partei sein müsse, weil er von Allem das Ideal war. Sobald daher desselben Gunst vermifst wurde, lag daran die Schuld auf Seiten seines Volkes; um wie viel mehr aber auf Seiten des Einzelnen in dessen persönlicher Angelegenheit, und zwar kraft desselben Syllogismus: denn der Einzelne dünkt sich in viel geringerem Maſse ein Ideal als sein Volk.

Aber wie, sollte man einwenden, wenn das Uebel, z. B. eine schreckliche jähe Krankheit, ganz auſser Zusammenhang mit dem volklichen und zugleich religiösen Ideal steht, müſste dies nicht sofort die Rechtsfrage zwischen Gott und dem einzelnen Menschen anregen? Oder würde er etwa das Uebel wie den Tod als eine gewohnte vis major der Natur, als ein allgemeines Menschenlos, bei dem niemand einen Anspruch auf Bevorzugung hätte, ohne Grübeln hinnehmen? Der Fromme gewiſs nicht, gewiſs nicht ganz. Dieser wird wie Hiskia nach seinen Verfehlungen forschen, und je frommer und unterwürfiger er ist, deren desto leichter zur Erklärung finden können. Schon einen Maſsstab der Gerechtigkeit gegenüber seinem Schöpfer zu finden wird ihm schwer. Vor diesem reichen die Gedanken tiefer als gegenüber Mitmenschen: Aug um Auge, Zahn um Zahn, wie das auf Gott anwenden? Die Unabsehbarkeit der Folgen, die ein falscher Schritt im Leben nach sich ziehen kann, senkt ihr Gewicht in die eine Waagschale, wenn die andere sich mit dem aufbrausenden Zorn Gottes auch über leichtere Verfehlung füllt. Noch leidenschaftlich lodert dieser Zorn auf und bald mag die Reue folgen, wie im Temperament des Anbeters. Auch äuſserlich ist das private Verhältnis des Einzelnen zu Gott kein günstiger Boden um die Selbstgerechtigkeit gegenüber Gott zum Zweifel zu steigern. Eine öffentliche Ueberzeugung von der Unschuld einer Einzelperson vor Gott giebt es nicht, wenigstens nicht von solcher Stärke, daſs sie im Stande wäre die Befangenheit der Menge in dem Glauben an Gottes regelmäſsige Gerechtigkeit zu erschüttern. Denn das Volk sieht nicht ins Verborgene und widmet dem persönlichen Schicksal des Einzelnen keine nachhaltige Teilnahme. Unter dieser Gegenwirkung der allgemeinen Anschauung gewinnt das etwa aufkeimende

Gefühl von der Unverdientheit eines harten Loses in dem Herzen, das auf Seiten Jahwes steht, nicht die Kraft, Theorie zu werden. Man lebt nicht mit der Empfindung, daſs die eigene Person einen von dem der Gesamtheit gesonderten Wert zu beanspruchen habe. Denn nicht einmal, wenn ein Prophet den höheren Gottesbegriff seiner geweihten Person dem Ideal des Volkes entgegenstellt, thut er es mit dem Selbstgefühl, daſs derselbe der eignen Reinheit oder der seines Berufes entspringe, noch glaubt er, daſs derselbe zuerst um seinetwillen geoffenbart sei. Vielmehr richtet Gott seine Gnade immer an sein Volk und die Heiligung erflieſst zum Einzelnen vom Ganzen aus. Jes. 6. Wo Gott so viel gerechte Klage hat über die Unzulänglichkeit seines erwählten Volkes, was wiegt da das unsichere Bewuſstsein des Mannes unreiner Lippen von seiner Unschuld!

Es gehört nun aber zu der Aufwerfung der Frage auſser der zwingenden Lebenslage auch noch die geistige Reizbarkeit, Begabung und Gewohnheit solchen Dingen zusammenfassendes Nachdenken zu widmen. Wo anders hätte sich Beides auf eine Einzelperson vereinigen können als unter Priestern und Propheten? Wo aber auch standen jenem privaten Ausgangspunkt des Zweifels mehr Schwierigkeiten entgegen, als grade unter diesen? Denn wenn die Voraussetzung, daſs Gott alles Gute belohne, alles Böse bestrafe, nicht nur gut genug ist, der noch ausstehenden Anerkennung seines Reiches zum Fortschreiten und zum Siege zu verhelfen, sondern sogar Zeichen und Leitfaden darstellt, mit welchem der Hüter der Frömmigkeit dieser theuersten Sehnsucht nachtrachtet, wie sollte in Seinen Gedanken die Rätselhaftigkeit eines persönlichen Schicksals zu einer Lösung drängen, welche jenem überwältigenden Interesse an dem Verbleib der Nation bedenklich werden müſste? Die Neuigkeit des Buches Hiob, daſs sich im Menschen Schuld und Uebel nicht decken, ist eine Wahrheit, aber keine praktische; sie würde einem

Streiter Gottes in der Lage des alten Israel unwillkommen in den Arm gefallen sein.

Freilich wird man hier nicht übersehen wollen, daſs das Buch Hiob, in welchem der einzelne Mensch aus seinem Volke herausgelöst Gott gegenübertritt, dem Zweige der Weisheitslitteratur angehört, und leicht vermuten, daſs es die besonderen Wege dieser seien, welche zu jener isolirenden Betrachtungsweise, neben und vielleicht vor der prophetischen, auch bei diesem Problem geführt hätten. Allerdings ruft sie in den salomonischen Sprüchen Erfahrung und Bewuſstsein eines jeden Menschen auf, nicht Eingebung auserlesener Weissager, richtet auch ihre Lehren nicht an das Volk, sondern an die Einzelnen und vergleicht die moralischen Beziehungen aller Einzeldinge und Vorgänge in der Welt, der Natur und dem Völkerleben ohne Parteinahme für Israel, von Auſsen hinein statt von Innen heraus schauend. Ihr vorzugsweise kosmischer Standpunkt stellt von selber den Menschen Gott, die Moral der Physik gegenüber und läſst Betrachtungen Raum, welche nicht unmittelbar auf die Förderung des Lebens der Gemeinschaft zielen, sondern das Interesse des Einzelnen an seiner Weltstellung bekunden. Aber trotz dieser Richtung im Allgemeinen erscheint die selbständige Methode der Weisheit von zu geringer Kraft der Abstraction, um von sich aus Fragen auf f e r n e Ziele zu stellen. Praktischen Zwecken zugewandt ordnet sie sich jener stärksten Triebkraft unter, welche dem durchaus praktischen sittlichen Willen der Offenbarung entströmt. Nur diese besaſs die unergründliche Tiefe und den ruhelosen Ernst, welche zur Aufwerfung der Frage nach der Gerechtigkeit Gottes notwendig waren. Dies bestätigt zuvörderst die Stellung der Sprüche Salomonis zur Religion, und gewiſs macht es die Art, wie jenes Problem im Buche Hiob als die Sorge eines Frommen gestellt und beantwortet wird.

Sind wir so wiederum auf die Prophetie zurückverwiesen, wo, fragen wir, däuchte diese das Verfahren Gottes zuerst auffallend? Von zwei Seiten. Zunächst in der Behandlung Israels, seit die Prophetenreligion vor und nach der Zerstörung des Staates öffentlich anerkannter Gottesdienst geworden und die Heiligkeit und Würde des gesamten Volkes gewachsen schien, während der Uebermut und die religiöse Barbarei seiner heidnischen Unterjocher in der Verachtung der Jahwereligion und Quälung des Volkes Gottes nicht nachliefs. Aber hier erfüllte sich, dafs die Kinder die Schuld der Väter sühnten, und Gottes Zorn dauerte, weil die Läuterung noch unvollkommen war. Dann aber in der Behandlung der Armen im Volke, für welche die Predigt der Propheten stets vorzugsweise eingetreten war, dermafsen, dafs sie die Gerechten in Ihrer Gestalt erwarteten und ‚reich' zu einem Synonym von Bösewicht machten.* Denn dem geringen Mann erging es nach dem Strafgericht wie vorher. Weder fand er sich von der Strafe des Reichen ausgenommen noch hatte ihn dieselbe der Unterdrückung entzogen. Unter den gerechten Armen aber stand nunmehr im Mittelpunkt der Aufmerksamkeit das Organ dieses Bewufstseins der Prophet selber. Nunmehr, denn der geweihte Mund Gottes erlangte ein Gefühl von der ausgezeichneten Würde seiner Person, um sie mit Gott in Vergleich zu stellen, doch erst, als nach Vernichtung des Staates das Fortleben der Nation nur noch in der Religion Nahrung fand, und dadurch die Wichtigkeit seines Standes für Jedermann deutlicher hervortrat; aber zunächst auch nur in der Weise, dafs er sich

* Jes. 53, 9 „Er gab ihm bei den Bösewichtern sein Grab, und bei den Reichen sein Höhengrab, obgleich er keinen Raub verübt hatte und kein Trug in seinem Munde gewesen war." Es ist unbegreiflich, wie hier an ‚dem Reichen' Jemand Anstofs nehmen kann, der die Propheten kennt, selbst abgesehn von Hi. 3, 14. 21, 32 u. a. und schon wegen des *ἓν διὰ δυοῖν* im Parallelismus: Daher ist במות, vgl. mit dem Plur. קברות Hi. 21, 32, hier wie Hes. 43, 7 allerdings das Felsengrab, weil der Reiche die Höhe מרום zu seinem Grabe aushaut: Jes. 22, 16. Diese Anspielung hier natürlich bitter sarkastisch.

als Vertreter der Prophetengeschlechter von Anfang durch die Gegenwart bis in die Zukunft betrachtete. Jetzt fiel ihm die Regelmäſsigkeit auf, mit welcher grade die Gerechtesten und Empfindsamsten ein trauriges Schicksal begleitete. Warum muſsten diese Gerechten mit tiefstem und reinstem Willen wie die Uebrigen leiden? Weil sie Werkzeuge Jahwes zur Verbreitung seiner Anerkennung, Vorbilder und Befreier seines Volkes sein sollten, und weil die Gewiſsheit des endlichen Triumphes ihrer Mühsal in spätern Geschlechtern ihnen Ersatz für persönliche Unbill gab; endlich aber als Sühnopfer, nach dieser Betrachtung: Die Unzulänglichkeit der Gesamtheit steht erfahrungsmäſsig fest. Die Gesamtheit müſste untergehn, wenn sie nicht durch die Zulänglichkeit der Einzelnen ersetzt werden könnte. Untergehn wird, kann sie nicht, also ist das Ersatzopfer notwendig. Wiefern kann der Einzelne zulänglich sein an Stelle der Vielen? Sofern er sich aus Liebe zu seinem Volke opfert, das ihn schmäht und steinigt, und damit das Beispiel der Gnade giebt, welches Gott nachahmen wird, indem er der Gesamtheit die Schuld schenkt: Jes. 53. Auch Hiob contrastiert seine menschliche Barmherzigkeit mit der Grausamkeit Gottes : 30, 22 ff.

Zugestanden, daſs die fromme Einzelperson in der Gestalt des Knechtes Jahwes, d. h. des Gerechten als des Vertreters und als des Typus der Frömmigkeit des ganzen Volkes, das erste Musterbild eines die Gerechtigkeit Gottes prüfenden Frommen war; so fragt sich noch einmal, ob der Fortschritt des Buches Hiob, welches diese Einzelperson von ihrem nationalen Kleide, ja von ihrer Typik befreit, lediglich auf Rechnung der individualisierenden Gewohnheit in der Weisheitslehre zu setzen sei. Die Steigerung des Problems bis zu dieser kühnen Abkehr von dem höchsten auf die Zukunft des Volkes gerichteten Interesse, welche sogar zu einem diesem im Grunde widerstrebenden Ergebnis führte, ist eben darum wenig begreiflich, ohne die Annahme noch einer andern Triebkraft. Diese dürfte, wie ein Seitenblick auf die wahrscheinliche Abfassungszeit des Buches nahe legt, durch die Zersplitterung des jüdischen Volkes flott geworden sein. Erst als die zerstreute Judenschaft kaum minder zahlreich wurde als die organisierte Gemeinde sei es von Babylonien, sei es von neuem um Jerusalem, reichte der Begriff Jude weiter als derjenige ‚jüdisches Volk' und fühlte jedermann sein Verhältnis zu Gott ohne Zwischenbegriff. Nun sammelte sich das religiöse Ideal mit seinen Fragen von selber auf das Haupt des Einzelnen.

So also war der Boden vorbereitet, auf welchem der Knecht Jahwes, der vollkommen gerechte Missionar Israels, dessen Schande und Leiden dem eines Hiob (wohl nach der Zeichnung des hesekielischen Hiob, s. u.) nur ähnlich gewesen war, zu einem allgemeinen Menschen und Weltbürger wurde, zwar ohne Mission, dennoch aber von gleicher Vollkommenheit und mit dem Selbstbewufstsein von derselben, welches gleichwohl nicht durch Berufsmärtyrertum befestigt war, als könnte vollkommene Selbstgerechtigkeit Besitz jedes beliebigen Privatmannes sein. Aus dem Leiden des ringenden Propheten wird absolute Lähmung der Thätigkeit. An die Stelle des Gefühls eigenen von Gott gebilligten Wertes und der Hoffnung auf Triumph tritt Aussichtslosigkeit, Verzweiflung bis selbst zum Zweifel, ob Gott die Unschuld anerkenne. Die Krankheit ist von der Art, dafs sie keine Beziehung einer Leistung für einen Mitmenschen zuläfst und den Gedanken des Sühnopfers ausschliefst. Mit raffinierter Entschlossenheit hat der Verfasser seinen Fall so ausgestattet, dafs seine Schlufsfolgerung unausweichlich wird. Beim Knechte Jahwes wird das Bewufstsein der Gerechtigkeit vor Gott begreiflich und glaubhaft, weil es Gottesmänner äufsern, die die Erfahrungen dazu selber gemacht haben mögen, oder sich in demselben Berufe und Eifer der ecclesia pressa mit deren Märtyrern eins fühlen. Im Buche Hiob scheinen Vollkommene wie Er nicht eine Minderheit, sondern die Regel zu sein, und die Traurigkeit des Menschenlooses auch abgesehn von Religion und Nation beherrscht die Phantasie überwiegend. Kurz der Mensch Hiob sieht schematischer und erfundener aus als sein Vorbild. Es war immer etwas Ungeheures, das Bewufstsein der Sündlosigkeit zum entscheidendsten Beweismittel für eine Lücke in der geoffenbarten Dogmatik zu machen. Man wird in Uebereinstimmung mit dem Eindruck, welchen der Vergleich des Buches Hiob mit der früheren Litteratur im einzelnen rechtfertigt, sagen dürfen, dafs der Verfasser sowohl den Begriff der Vollkommenheit wie die Wärme, welche er der Frömmigkeit des Geschlagenen verleiht, nicht aus unmittelbarer Erfahrung schöpft, sondern aus dem Studium der Propheten mit lebhafter Phantasie nachempfindet. Was ihm naiv entspringt, ist der aus dem Erkenntnistriebe quellende Strom der Empörung.

Die Erwähnung Hiobs bei Hesekiel K. 14 enthält zwar keine Angabe über die ihm vorliegende Erzählung, gebietet indessen für diese von derjenigen in unserm Buche Hiob einen Abzug : Vgl. Hiob 9, 22. 23 als Antwort auf Hes. 14. Danach ist vermutlich der Grundgedanke der älteren Schrift die Bewährung eines Gerechten gewesen, wie derselbe noch in der Einleitung und im Schlufs unseres Buches so deutlich hervortritt, dafs man beide für unecht gehalten hat, obwohl Bau und Styl bis ins Einzelnste sie mit dem Dialog verbinden. Keine That, kaum ein Gedanke, kaum ein Wort von K. 1. 2. 42, 7—17 würde dem alten Buche widerstrebt, und es mag einen Dialog besessen haben, welcher dazu diente, die Krankheit des frommen Dulders durch falsche Beschuldigung zu verschärfen, damit seine Unterwerfung und Gebet um Erlösung desto heller hervorleuchteten. Selbst die Heilung des Hiob mag als Wunder, wie die Errettung des Daniel aus der Löwengrube oder der drei Männer aus dem feurigen Ofen, umständlicher hervorgehoben gewesen sein. Dem Wunderglauben abhold scheint der Verfasser unserer

Schrift sie mit Vorsatz nur mittelbar zu erwähnen, weil er ihrer (in seinen Augen) wirklichen Unheilbarkeit im Dialoge soviel Gewicht beigelegt hatte. Dagegen gefehlt haben mufs dem alten Erzähler durchaus jener klare Sinn für Wirklichkeit, welcher dieselben Schickungen in einen Anlafs zur Kritik Gottes und Bezweiflung seiner Gerechtigkeit verwandelt hat.

Die Reden des Elihu.

Ein Leser des unversehrten Buches verstand nicht, wie Hiob Recht behalten konnte, obgleich schon die vermessene und dünkelhafte Kühnheit seiner Sprache auf versteckte Unlauterkeit zu deuten schien, und es gefiel ihm nicht, dafs die Zurückweisung derselben durch den Richter allzuwenig scharf und ausführlich ist. Um die Abstrafung der Frechheit nachzuholen verkleidete er sich in einen vierten jüngeren Gegner des Hiob, den Elihu (d. h. Mein Gott ist der richtige), und schob die Reden, welche er ihm unterlegte, hinter den Dialog mit den Dreien und vor die Erscheinung Gottes ein. Seine Ergänzung besteht aus lauter Rede- und Gedankenfetzen, welche allen Teilen, zumal auch der Schlufsrede Gottes entlehnt sind. Einen neuen Gesichtspunkt eröffnet er nicht; er verschärft nur einen dagewesenen (vgl. S. 9), indem er die Krankheit als eine Folter zum Bekenntnis versteckter Sünden, welche um des Heiles des Schuldigen willen angesetzt wird, betrachtet und ausführt, dafs solche Verstocktheit das Schuldbewufstsein zu trüben und das Gewissen zu fälschen pflege. Ohne Demut kein reines Gewissen! An diesem soll der Sünder zweifeln, bis Gott [ihm durch Martern zur rechten Ergebung verhilft und] ihn über die verkannte Schuld aufklärt: 34, 32 vgl. 33, 23. Dabei kommt dem Ergänzer übrigens nicht in den Sinn, die Möglichkeit vollkommener Gerechtigkeit, wie etwa bei unbestraften Frommen, zu leugnen: er giebt sie nur bei von Gott Heimgesuchten nicht zu. Mit jener Zuspitzung, welche er den Beweisen der drei Freunde gab, die er zu überbieten, keineswegs zu widerlegen strebte, wünschte er den auf diese fallenden Tadel Gottes (42, 7 f.) vermieden zu haben. An seiner Vorlage änderte er sonst nichts, denn die formale Logik ihres Planes kümmerte ihn wenig, wofern nur darin die Gründe für die rechtgläubige Lösung wuchtiger, breiter und überzeugender hervorträten. Ueberdies machte der Einschub undeutlich, dafs die Erscheinung Gottes eine unmittelbare Erhörung von Hiobs Bitte war (31, 37 : Ende), und der Leser mochte nun leichter glauben, dafs Hiobs Widerruf, die Bedingung seiner Wiederherstellung, nicht sowohl durch Gottes Anblick als seine Beweisgründe erfolgt sei. Waren die Motive für Gottes Handlungsweise verdunkelt, so gab es aufser den Worten 42, 8 überhaupt kein Kennzeichen der Parteinahme Gottes für Hiobs Dogmatik mehr.

Der Zerstörer.

Jedoch wer das mit den Elihureden vermehrte Buch als Werk des nämlichen Verfassers vor sich hatte, konnte es nun erst recht anstöfsig finden, selbst wenn ihm das eigentliche Ziel des ursprünglichen Buches, die Behauptung von Uebel ohne notwendigen Zusammenhang mit Schuld und Strafe und der Unbegreifbarkeit von Gottes Gerechtigkeit verhüllt blieb. Er mochte die Auskunft der Elihureden, dafs Hiobs vorgebliches Unschuldsbewufstsein nichts weiter als verstockter Stumpfsinn sei, vortrefflich finden und nun überlegen : sind sie denn in ihrer Richtung von derjenigen der drei Freunde so verschieden, dafs Gott über diese allein in Zorn entbrennen mufs? (42, 7). Wenn er gar die Reden Hiobs denen der Drei vorzieht (42, 8), mufs er dann nicht erst recht die Elihus verurteilen? Denn weder zeigt Hiob in seinen Reden auch nur die Spur von Reue, noch hat jemand Elihus Reden beantwortet oder gar widerlegt. Die Billigung Hiobs durch Gott ist unter diesen Umständen unerträglich und gefährlich.

Retten wir das anziehende Buch für die Gemeinde, aber gieſsen wir Wasser in Hiobs hitzigen Wein. Zu diesem Zwecke griff der Eiferer mit dreister Hand in die letzten Reden der Gegner, entnahm ihnen die glänzendsten Schilderungen der jenseitigen Ansicht und legte sie Hiob unter. Dieser erschien nunmehr als ein wankelmütiger und buſsfertiger Sünder und entsprach der Bedingung der Elihureden für seine Begnadigung.

Als Eiferer verräth dieser Mann sich zunächst durch einen Einschub in den Anfang der Elihureden 32, 2—5. Während Elihu selber sich mit einer Rede einführt, welche von Entschuldigungen über sein Hervortreten strotzt, während er das Wort nimmt, weil die Andern schweigen, er aber vor Besserwissen platzt (32, 18 f.), während er seinen Wunsch nach Unparteilichkeit beteuert (32, 21 ff.) und gegen Hiob salbungsvolle Freundlichkeit zeigt (33, 32), läſst der Interpolator viermal dessen sittlichen Zorn entbrennen, nach dem Vorbilde von 42, 7; greift die Motivierung seines späten Auftretens aus der Rede heraus und ihr vorweg, und miſsversteht 35, 4 dahin, daſs dieselbe auch g e g e n die drei Freunde Hiobs gemeint sei, während sie in der That nur gegen und an Hiob, gelegentlich auch an das weise Publikum (34, 1 f.) gerichtet ist.

Im Munde Hiobs sind unpassend, allen Deuteleien zum Trotz, 24, 13—25; 27, 7 bis K. 28 Ende. Nun ist von der gröſsten Bedeutung, daſs gerade in demselben Drittel des Dialogs, in welchem die längst erkannten Schwierigkeiten des Inhalts vorkommen, auch die Symmetrie der Form gestört ist, welche seine ersten beiden Drittel besitzen, und auf welche ferner die Entsprechung der Einleitung und des Schlusses, das Längenverhältnis der Schluſsrede Hiobs zur Gegenrede Gottes, die Verteilung der persönlichen Bemerkungen der Redner und der sachlichen Schilderungen, wie überhaupt die Gliederungen der Erzählung (K. 1. 2) und überall die Feile des rhetorischen Styles hinweisen. Es giebt kein Werk der althebräischen

Litteratur, welches planmäſsiger gegliedert ist, als das echte Buch Hiob; wenn man die Babylonier vergiſst, möchte man sagen, es sei von unsemitischer Ordnung des Baues. In den beiden ersten Gängen der Wechselrede folgt auf die Rede jedes der Freunde je eine Hiobs, im dritten auf die des Eliphas noch die Hiobs; aber die Bildads K. 25 ist ohne jeden Grund unverhältnismäſsig kurz, ihr Inhalt mit den unmittelbar vorhergehenden Worten Hiobs verwandt, 24, 13—25 und diese sind für ihn unmöglich. Dieser Versetzung ist eine andere längst bemerkte ähnlich: die Stellung von 31, 38—40 hinter 35—37, statt vorher, zu dem Zwecke den Aufruf Gottes als Schiedsrichters aus den letzten Worten, die Hiob überhaupt spricht, zu entfernen, wo sie nur allzudeutlich auf die Erscheinung Gottes (38, 1) als Antwort hinwiesen.

Demnächst fehlt Zophars Rede ganz, wiederum ohne jede Motivierung noch Grund. Denn in den Beweisen Hiobs liegt nichts, was irgend einen Gegner zum Schweigen, geschweige zu ehrerbietigem Schweigen bestimmen könnte. Dafür treten die berufenen Kapitel 27 und 28 vor drei anderen Kapitel einer Schluſsrede des Hiob, mit einer unnützen Ueberschrift 27, 1 vollständig als Hiobs Worte auf.

Wenn 27, 7—12 zur Not mit Hiobs Standpunkt vereinigt werden können, so sind sie in Zophars Munde klipp und klar und in angemessener Gedankenverbindung. Denn der Ausruf v. 7, der seine Rede beginnt, entfährt ihm voller Bestürzung über die v. 6 gehörten Worte des Hiob. Er erblickt in ihm einen ‚Gottlosen', der gleichwohl ‚Hoffnung' bekundet und zu Gott ‚zu aller Zeit' in der Not schreit. Diesen will er mit ‚den Tröstungen Gottes' 15, 11. 18 d. i. der traditionellen Dogmatik, widerlegen 27, 11. Das ‚Euch' und ‚Ihr' bezieht sich wie 18, 2 vgl. 35, 4 auf Hiob und seine etwaige Gesinnungspartei, wie עדת 15, 34. 22, 15. 16. 21, 14. Denn die Gegner betrachten Hiob als einen Typus der Bösewichter.

Ist 27, 7 bis Kap. 28 Ende die Schlufsrede Zophars, so ergiebt sich für den gestörten Teil folgende Verkettung der Gedanken.

Nachdem Hiob 23, 3 ff. zum Standort Gottes im Himmel, d. h. zur göttlichen Weisheit vorzudringen begehrt und die Unerreichbarkeit Gottes ihm als Grausamkeit ausgelegt, dabei 23, 14. 15. 16, ferner 24, 12 aus Gottes Verfahren auf Absurdität — תִּפְלָה — geschlossen hatte, dient ihm Bildad K. 25 mit dem Hinweis auf den abgestuften Unterschied in der Lichtnatur zwischen Gott, Engel und Mensch, ferner 24, 13 ff. auf die Rebellen gegen die höhere Lichtnatur, nämlich die sündhaften Menschen, deren Einer geradezu Hiob ist. Wie also könnte Er zum Gipfel des Lichtes der Weisheit dringen? Hiob erwidert K. 26, er habe gerade vorausgesetzt, dafs die höchste Weisheit Gottes, die der Mensch vorstellen könne, sich zu seiner wirklichen verhalte, wie Flüstern zu Donner. Dadurch werde seine Unschuld (und die Unvereinbarkeit seiner Bestrafung mit ihr) nicht aufgehoben. An seiner Unschuld halte er fest.

Das ist die schroffste Formulierung des Problems. Hierauf spricht Zophar dem Gottlosen, dem er die Unschuld einmal nicht zutraut, die letzte Hoffnung ab, unterstellt — schon auf K. 28 steuernd — als wichtigsten Beweggrund der Gottlosigkeit die Habsucht nach Gold und Silber und schildert als angemessene Folge den Verlust aller Güter. Gerade diese böse Gier nach Schätzen ist es K. 28, welche die Menschen [vom Typus des Hiob] zur kühnsten und merkwürdigsten Ueberschreitung des gewöhnlichen (frommen) Bereiches treibt, zur Erforschung der Unterwelt, als ob sie da dem Ursitz der Weisheit näher wären. Der aber ist überall und nirgends, ein Vorbehalt Gottes. Mit dem Streben nach diesem hebt der Frevel an. Hiob demütige dich und gieb die Bosheit auf*: Diesen Gegen-

* Die obige Auffassung war Jahre hindurch befestigt, als ich im April 1887 aus W. Vatke's historisch-kritischer Einleitung in das A. T.,

satz scheint die Gegenüberstellung der danielischen Weisheit gegen die tyrische bei Hes. 28, 4 angeregt zu haben.

Wenn in dem besprochenen Stück vorsätzliche Zerstörung sich unabweisbar aufdringt, so wird dieselbe Hand der Verwirrung verdächtig sein, welche in der Schlufsverhandlung zwischen Gott und Hiob K. 40 und 41 bemerkbar ist. Denn der überlieferte Zustand ist des Verfassers des echten Buches, der alle Gesichtspunkte desselben und die Charaktere ihrer Tragweite mit vollkommener Zielbewufstheit beherrscht, gänzlich unwürdig. Die Beschreibung des Nilpferdes und des Krokodils füllt und gipfelt die Zwölfzahl der merkwürdigen Tiere und ist nicht anzuzweifeln. Ihre Fremdartigkeit und Unbezwinglichkeit für den Menschen, während sie für Gott ein Spielzeug sind (40, 29), rechtfertigen es, wenn sie die Thierwunder beschliefsen und das Walten der überragenden göttlichen Weisheit in der aufsermenschlichen und aufsermoralischen Welt beenden. Allein der Beweis von Gottes Herrschermacht und menschlicher Ohnmacht auf dem moralischen Gebiet, 40, 8—14, rückt dem Hiob näher auf den Leib, ist für seinen Fall von stärkerer Kraft, und als demonstratio ad hominem bei weitem der angemessenste Abschlufs der Auseinandersetzung mit ihm. Nun aber gar der Rückfall (mit 40, 15 ff. bis K. 41 Ende) in die erste Klasse der Beweise K. 39, wie die Worte heute stehn, läfst sich nur als Werk eines trüben und gewöhnlichen Kopfes begreifen. Hat aber ein solcher — jener gewaltthätige Fälscher — die Nilpferd- und Krokodilbeschreibung (ab 40, 15) von dem natürlichen Platze, welcher einem ‚König der Thiere‘ (41, 26) gebührt, hinter K. 39, versetzt und zum Schlufs der letzten Rede Gottes

---

Bonn 1886 S. 550 ersah, dafs Kennicott und Eichhorn K. 27, 13—23 dem Zophar, dafs Stuhlmann 27, 1—23 diesem, und K. 28 dem Bildad zugeschrieben hatten. Kennicott Remarks on select passages in the Old Testament p. 169. Eichhorn Conjecturen über einige Stellen im Hiob, Allgem. Bibl. d. bibl. Litter. II 628. Schrader, Einl. § 325. Es ist seltsam, dafs diese Fährte wieder verlassen worden ist.

gemacht, was bewog ihn dazu? Ein Licht auf seinen Beweggrund wirft 41, 1—4, eine Glosse von demselben Mann zu 40, 32, mit welcher er erläutern wollte, welche Beweiskraft die Vorhaltung des Krokodils gegen Hiob hat. Vgl. die Uebersetzung. ‚Kannst du Hiob, wie dir Gott eben klar macht, nicht einmal mit dem Krokodil, Gottes Spielzeug, kämpfen, wie unverschämt ist es von dir, mit Gott disputieren zu wollen!‘ Also ihn blendete die malerische Schilderung der gewaltigen Thiere, und oberflächlich genug zu wähnen, dafs sie als Maafsstab menschlicher Unzulänglichkeit wegen ihrer physischen Stärke, welcher der Mensch noch weniger gewachsen sei, als der Kraft irgend welcher Bösewichter (40, 12), so ausführlich geschildert würden, gab er ihnen willkürlich die Stelle, an welche der eindrucksvollste Trumpf gegen Hiob gehörte.

Endlich deuten auf denselben Geist die Interpolationen 38, 13 b 14 b 15 nach 24, 17; 38, 23; 38, 27 a nach 30, 3; vgl. noch die Versetzung von 34, 23 hinter 28.

Ueber jeder Vermutung der Wege, welche die Gedanken dieses Verwüsters eingeschlagen haben mögen, steht die Gewifsheit, dafs die Söhne des Zwielichts unfähig gewesen sind, die Klarheit des grofsen Verfassers zu ertragen und lauter zu vererben.

Der Verfasser.

Dafs der Verfasser des echten Buches jünger ist als der Prophet Jeremia [20, 14—18 vgl. Hi. 3, 2. 11. 12. 16—20; Jer. 49, 22. 16 (nicht Obad. 3 a; 4 a) vgl. Hi. 39, 27], jünger als Jes. 35, 3 vgl. Hi. 4, 3. 4, ein Orakel, welches die Rückkehr aus der babylonischen Gefangenschaft weissagt, jünger als Jes. 40—66 erscheint gesichert, und würde weniger bezweifelt werden, wenn man sich mehr im ganzen die Art vergegenwärtigte, wie er, mehr Theolog und Rhetoriker als Dichter, arbeitete. Seelische Motive, welche in der älteren historischen und prophetischen Litteratur bei wirklichen Erlebnissen und Begebenheiten natürlich entsprungen waren, verallgemeinerte er zu kosmischen Gleichnissen und bildete ihre naiven Einzelheiten bewufst zu rhetorischen Gliedern um. Z. B. er entlehnt aus Jer. 20, 14 ff. das historische Beispiel eines seinen Geburtstag verfluchenden Frommen und überträgt es auf Hiob. Der Prophet verflucht den Tag, das Abstractum kurz; ausführlich den Mann, der die frohe Botschaft von der Geburt eines Knaben bringt, und dies als Botenlohn empfängt. Bei diesem verweilt er, weil man zunächst fühlende Menschen mit Fluch bedroht. Den Tag verfluchen ist Rhetorik. Grade diese ergreift der Hiobist und verwandelt die Sache in Naturwissenschaft, seine Liebhaberei. Er zerlegt den Geburtstag in seinen Tag und seine Nacht, widmet dieser den Raum jenes Boten, und klügelt aus, was gegen beide fluchen naturgemäfs bedeuten könne. Daneben schöpft er aus der frohen Botschaft seinen V. 7. Auf diesen sterilen Gedanken verwendet er V. 2—9. Während Jeremia 20, 17 vom Sterben im Mutterleibe und niemals erfolgender Geburt redet, macht Er hieraus zwei Verse 3, 11 und 16 und unterscheidet vielleicht aus Mifsverständnis des Jeremiatextes zwischen Tod gleich nach der Geburt und Nichtgeborenwerden. Wer ist also der Borger? Jeremia, der seinen Seelenschmerz ausschüttet, oder der Dichter, welcher sich in die Lage Hiobs hineindenkt? Dichter ist er überhaupt nicht in dem Sinne, wie jener öffentlich predigende Prophet Prophet war, sondern ein berechnender, speculierender Rhetoriker mit pathetischer Einbildungskraft. Wie oft drückt er denselben Gedanken durch eine Reihe synonymer Gleichnisse oder Worte aus, ohne vorwärts zu rücken.

Wenn derselbe also nicht älter ist als Cyrus, dann wäre die nächste Frage, ob er den Sacharja 1—14, der um 520 prophezeite, benutzt hat? Der Engelversammlung Hi. 1, 6 entsprechen sowohl Sach. 1, 9 f. als auch 3, 1 ff., zwei Scenen für eine? Die erste, der im Hiob ähnlich, ist eine Versammlung bei gegebener Veranlassung, eine

Berichterstattung. Der Engel Jahwes auf r o t e m Rosse (d. h. der Kerubreiter) in der zweiseitigen Myrthen l a u b e (d. h. in der Wolke, durch deren Mitte Jahwes Lichtschein dringt), also Jahwe selber, erscheint an der Spitze seiner (ins himmlische Zaba übersetzten) Zebaoth (1, 12), welche als Lichtgeister ihm ähnlich auf rothen und weifsen Rossen reiten. Er deutet auf sie, zum Nutzen des Sacharja, mit lauten Worten : „Die da, die Jahwe g e s a n d t hat auf Erden zu wandeln“ (1, 10), worauf sie ihm antworten, sie hätten beim Umherwandern die ganze Erde ruhig gefunden. Darauf legt der Engel der Prophetie, der Gottes Gedanken zum Sacharja und dessen Wünsche vor Gott trägt, im Sinne des Sacharja Fürbitte ein für Jerusalem. Der wichtigste Unterschied zwischen diesem Auftreten der Engel und demjenigen im B. Hiob ist, dafs als selbstverständlich vorausgesetzt wird, dafs sie Gott auf die Erde und nicht anderswohin schickt, im Einklange mit ihrer ursprünglichen Bedeutung als Boten zwischen Gott und Menschen zu dienen. Im Hiob fragt Gott : Satan, woher kommst du? aus welcher Himmelsecke, aus der Unterwelt, von der Erde? Wie im ganzen Buche ist hier der Standpunkt kosmisch. Während auch sonst im Hiob das Lichtwesen der Engel, dem Sacharja nicht fremd, kosmisch materialisiert hervorgekehrt wird (5, 7. 25, 5 u. s. w.) und sie als Naturbeamte auftreten, sind sie bei dem Propheten Diener der Geschichte, Soldaten, im obigen Falle Abbild der menschlichen Heerscharen Jahwes, und sonst genau für den jedesmaligen Anlafs des Propheten ausgekleidet. In Uebereinstimmung hiermit ist der Satan bei Sacharja ein Engel, welcher nicht das Klagbare in jeder Ecke der Welt aufzusuchen hat, etwa auch sündige Engel aufspürt — wie im Hiob — sondern, sobald Gott Gerichtssitzung hält, nach gewöhnlicher prophetischer Vorstellung als Richter des Betragens der Völker, zu welchem Gericht sich der Angeklagte nicht einfindet, sondern da ist, gehört dazu nach dem Bilde des menschlichen Gerichtsverfahrens ein Ankläger zur Rechten, und dieser ist ein beliebiger Engel, weil die Sache im Himmel spielt. Im gegebenen Falle Zach. 3, 1 symbolisiert dieser Ankläger die alte Prophetie, welche die Sünden Jerusalems und seines Priestertums hervorsuchte, was von nun an in Bezug auf Josua für nicht mehr zeitgemäſs und erledigt erklärt wird. Der Anklageengel 3, 1 ist das Ergänzungsstück des Fürbitteengels 1, 12 : die zwei Seelen des Propheten. Hieraus leuchtet hervor, daſs ‚der Ankläger‘ die Gelegenheitsrolle eines Engels, eine Erfindung ad hoc des Sacharja ist, sowie ‚der Geist der Lüge‘ 1 K. 22, 22 und ‚die שרפים Jes. 6 die Räucherer‘ eine ebensolche des Micha und des Jesaia sind. השטן entspricht auch formell dem הדבר כי, nur daſs letzteres aus grammatischen Gründen המלאך vor sich haben muſs: 2, 7. Dazu ist der Ankläger bei Sacharja nur Ein Beispiel unter den vielen Gestalten der Visionssymbolik, welche jener Prophet so weit getrieben hat. Im Hiob erscheint ferner der Anklageengel nicht als Bestandteil einer Gerichtsverhandlung, sondern als Detective, welcher wie die übrigen Engel ‚umherwandert und schweift‘. Abgesehn von dem Zusatz ‚schweifen‘ — der Dichter sagt gewöhnlich dieselbe Sache ein paarmal; Sacharja sagt nur : ‚umherwandern‘ 1, 10. 11; 6, 7; beide gebrauchen התיצב Sach. 6, 5. Hi. 1, 6. 2, 1 — liegt es dem Urbilde des Bildes näher, wenn Reiterscharen und Winde umherwandern (Sach. 6, 5. 7), als wenn dies einem Ankläger vor Gericht zugeschrieben wird. Ist schon dieses ein Fortschritt in der Ausbildung des Anklageengels im Hiob, so ein noch weit gröſserer, daſs er hier zugleich Strafvollstrecker ist, und zwar ohne Rücksicht auf die Natur der Strafe allgemein : 1, 12. 2, 7. Das war unter Menschen, von Blutrache abgesehn, in Criminalfällen wenigstens nicht die Regel (1 K. 3, 16 f. Deut. 25, 2. Jer. 37, 15) und sonst für einen Engel keine naheliegende Verrichtung, wenn er ‚der Ankläger‘ heiſst : Sacharja würde natürlich besondere Engel angestellt haben. Hiernach ist kaum abzuweisen, dafs der Verfasser des Hiob wenigstens den Namen ‚der Ankläger‘ dem Sacharja entnommen, aber denselben zu einer kosmischen Person, zum ‚Widersacher‘ nämlich dem Symbole jeder Art Uebels in der Welt, welches nach der Auffassung der alten Dogmatik jedesmal einer Schuld anklagt, gemacht hat. Erwägt man die ausgesponnene Licht- und Finsternistheorie K. 24. 25, so wird man den Einflufs von Lehren der Mazdajasnier auf die israelitischen Elemente der Vorstellung schwerlich verkennen: das politisch günstige Vorurteil für die Perser und die Bemerkung, dafs ihre Religion eine ethische und von den übrigen heidnischen sehr verschiedene war, mag diesem Einflufs den Weg eröffnet haben.

Hi. 31, 36 steht, dafs Hiob den Schiedsrichter Gott wie einen Fürsten nicht nur auf seine Schulter heben, sondern wie eine Krone sich umwinden will. Dieser kühne Vergleich hat nur Sach. 6, 11 ein genaues und motiviertes Vorbild. Dort soll Sacharja aus dem Gelde, welches einige aus Babel gekommene Juden steuern, einen Kranz (Plur. für Sing., wie V. 14) machen und ihn dem Hohenpriester Josua auf den Kopf setzen mit den Worten, dafs dies der Ṣemaḥ d. h. Serubbabel, der Tempelerbauer sei, um anzudeuten einmal, dafs, so gewifs als diese symbolische Handlung statthabe, ebenso gewifs der Tempel werde gebaut werden; sodann, dafs der Fürst dem Hohenpriester übergeordnet sein müsse. Das Symbol ‚Kranz‘ ist hier nicht blofs durch die Stellung des Serubbabel (Krone), sondern auch noch durch den Begriff Ṣemaḥ, also specieller veranlafst, als im Hiob.

Endlich sind für die Wiederherstellung Hiobs: 42, 10 die Worte Sach. 9, 12 gradezu ein Motto: ‚Kehret zurück zu unangreifbarer Sicherheit ihr Gefangene, die ihr voll Hoffnung waret: heute will ich dir (Israel) doppelte Frucht [l. מְגֶר] vergelten‘. Also die Wiederherstellung des alten Zustandes, aber doppelt schön — als Ersatz für die Haft

— wäre eine Neuerung des Bearbeiters der älteren Hiobfabel. Vgl. 8, 7.

Fraglicher ist der Einflufs von Sach. 14, 6.7* auf die Darstellung der Ausrottung von Hiobs Geburtstag 3, 4. Dem Morgen vor der Neuschöpfung geht dort voran ein einzigartiger Kalendertag, als die Markscheide des Bruches mit der Vergangenheit, welcher weder Nacht noch Tag, also Chaos ist, wie es Gott allein vor der Schöpfung kannte. Darin dafs weder bei Tag noch Nacht die Gestirne leuchten sollen, kommen beide Schriftsteller überein, aber das Buch Hiob überbietet den Sacharja durch die sonderbare Idee, auch den leeren Zeitraum zu streichen: 3, 6. אל ידרשהו 3. 4 verneint selbst יודע ליי Sach. 14, 7. Vgl. die Bemerkung zu 10, 22.

Für die Perserzeit kurz vor oder um 500 v. Chr. pafst auch die schriftstellerische bewufste Kunst, die der des Sacharja 9—14 ähnlich ist. Allein dieser schreibt archaistischer, weil feierlich orakelhaft, der Verfasser des Hiob, seinem Thema gemäfs, ahmt die moderne Sprache Disputierender nach. Es geht nicht an, die Aramaismen im Hiob als örtliche Sprache aufzufassen, weil ein mit der frommen Litteratur seiner Vorfahren vertrauter, und um die Lösung eines Problems, das nur auf dem Boden der nationalen Religion erwachsen konnte, so bemühter Theologe gewifs in der gemeinhebräischen Sprache schreiben konnte, und schwerlich für andere Leser, als die Besten in seinem Volke schreiben wollte: mithin waren die Aramaismen allen gewohnt und wird durch ihre Häufung die späte Zeit bestätigt.

Die Heimat des Dichters mag am ehesten Palästina

* Sach. 1—14 ist nach meiner im Einzelnen von der herkömmlichen vielfach abweichenden Auslegung unter Darius von demselben Propheten verfafst. Er war ein künstelnder Schriftsteller, der seinen Styl seinen beiden Themata: den Weissagungen bei besonderen historischen Veranlassungen (1—8) und den eschatologischen Träumen (9—14) anpafste.

gewesen sein, weil hinter dem edomitischen Uz, das der alten Erzählung entnommen ist und von dessen Lage der Verfasser vielleicht nicht mehr wuſste als wir, nach 15, 19 für ihn doch nichts weiter steckt. Die Schnitzer in der Beschreibung der ägyptischen Tiere beweisen, daſs er sie nicht aus Erfahrung kennt. Diese Stoffe, wie der Habicht von Theman 39, 26 und vieles andre, scheinen aus Lectüre zu stammen; jedoch dergleichen nachzuweisen, soweit es nachweisbar ist, gehört in einen Commentar.

Hiob.

1 1 Es war ein Mann im Lande Uz mit Namen Hiob.
Selbiger Mann war fromm und rechtschaffen, gottesfürchtig
und mied das Böse. 2 Es wurden ihm sieben Söhne und
drei Töchter geboren; 3 sein Besitz kam auf siebentausend
Schafe, dreitausend Kamele, fünfhundert Joch Ochsen, fünfhundert
Eselinnen und eine sehr zahlreiche Dienerschaft,
sodafs der Mann gröfser als alle Söhne des Ostens ward.
4 Seine Söhne pflegten gern abwechselnd Jeder in seinem
Hause einen Schmaus zu veranstalten, und an ihre drei
Schwestern die Einladung zu schicken, mit ihnen zu essen
und zu trinken. 5 Sobald die Mahlzeittage die Runde gemacht
hatten, pflegte Hiob [nach ihnen] zu senden, um sie
zu heiligen. Schon früh am Morgen rüstete er sich und
brachte nach der Zahl ihrer aller Brandopfer dar; denn
Hiob dachte: Vielleicht haben sich meine Kinder versündigt
und Gott in ihrem Innern fahren lassen. Also that
Hiob jedes Jahr.

6 An dem festgesetzten Tage, als die Gottessöhne
kamen, um sich Jahwe zu Dienst zu stellen, kam unter
ihnen auch ‚der Ankläger'. 7 Da sagte Jahwe zum Ankläger:
Von wannen kommst du? Der Ankläger antwortete
dem Jahwe und sprach: Vom Schweifen und
Wandern auf der Erde. 8 Jahve sprach zum Ankläger:
Hast du auf meinen Diener Hiob geachtet? Denn solch
einen frommen und rechtschaffenen, gottesfürchtigen und
das Böse meidenden Mann, wie ihn, giebt es nicht auf der
Erde. 9 Der Ankläger antwortete dem Jahwe und sprach:
Fürchtet Hiob Gott etwa umsonst? 10 Hast du nicht um
ihn, um sein Haus und alles, was sein ist, ringsum einen

Schutzzaun errichtet, hast seiner Hände Werk gesegnet,
sodafs sich sein Besitz im Lande ausbreitet? 11 Strecke
aber mal deine Hand aus und schlage alles, was sein
ist, da wird er dich sicher offen fahren lassen! 12 Jahwe
sprach zum Ankläger: Gut, alles was sein ist, sei in
deiner Macht; nur nach ihm selber strecke deine Hand
nicht aus. Darauf ging der Ankläger von dem Angesicht
Jahwes fort. 13 Als der Tag erschienen war, an welchem
seine Söhne und Töchter im Hause ihres ältesten Bruders
schmausten und Wein tranken, 14 kam ein Bote zu Hiob
und sprach: Während die Rinder pflügten und die Eselinnen neben ihnen weideten, 15 machten die Sabäer einen
Ueberfall und nahmen sie weg; die Bursche schlugen sie
mit der Schärfe des Schwertes und nur ich allein konnte
entkommen, es dir anzusagen. 16 Der redete noch, als
schon ein Andrer kam und sagte: Ein Gottesfeuer ist
vom Himmel gefallen und hat die Schafe und die Bursche verbrannt und verzehrt. Nur ich allein konnte entkommen, es dir anzusagen. 17 Der redete noch, da kam
ein Andrer und sprach: Chaldäer haben drei Rotten auf-
gestellt, die Kamele umschwärmt und weggenommen, und
die Bursche mit dem Schwerte niedergehauen. Nur ich
allein bin entkommen, es dir anzusagen. 18 Noch* redete
der, da kam ein Andrer und sprach: Als deine Söhne
und Töchter im Hause ihres ältesten Bruders afsen und
Wein tranken, 19 kam plötzlich ein grofser Sturm quer
durch die Wüste und traf die vier Ecken des Hauses.
Dies stürzte auf die Bursche, dafs sie starben; und nur
ich allein konnte entkommen, es dir anzusagen. 20 Da
stand Hiob auf, zerrifs seinen Rock, schor sein Haupt,
warf sich zu Boden, verbeugte sich 21 und sprach: Nackt
bin ich aus dem Leibe meiner Mutter hervorgegangen und
nackt werde ich dahin zurückkehren! Gott* hat gegeben,
Gott hat genommen: Der Name Gottes sei gesegnet!

---

18 עֵד. — 21 אלהים, oder יי in dem Sprichwort Versehn des Verf.?

22 Bei alledem sündigte Hiob nicht und gab Gott nichts
Ungereimtes zu hören.

2 1 Als der Tag erschienen war, an welchem die
Gottessöhne kamen, um sich Jahwe zu Dienst zu stellen,
kam auch der Ankläger in ihrer Mitte.* 2 Jahwe sprach
zum Ankläger: Woher kommst du eben? Der Ankläger
antwortete dem Jahwe und sprach: Vom Schweifen und
Wandern auf der Erde. 3 Darauf sagte Jahwe zum Ankläger: Hast du wohl auf meinen Diener Hiob geachtet,
da niemand auf der Erde so fromm und rechtschaffen,
so gottesfürchtig und vor dem Bösen scheu ist, wie er?
Er hält noch immer an seiner Frömmigkeit fest, obgleich
du mich gegen ihn aufgereizt hattest, ihn ohne Schuld zu
verderben.* 4 Darauf antwortete der Ankläger dem Jahwe
und sprach: ‚Haut für Haut.‘ ‚Alles was Jemand besitzt,
giebt er für seine Seele hin.‘ 5 Strecke aber mal deine Hand
aus, sein Bein und sein Fleisch zu schlagen: da wird er
dich sicher offen fahren lassen! 6 Jahwe sprach zum Ankläger: Nun, er sei in deiner Macht; doch bewahre seine
Seele! 7 Darauf ging der Ankläger von Jahwes Angesicht
fort und schlug den Hiob mit einer bösartigen Entzündung
von seiner Fufssohle bis zu seinem Scheitel, sodafs er
sich einen Scherben nahm, um sich damit zu kratzen, indem er mitten in Asche safs. 9 Da sprach sein Weib
zu ihm*: Noch immer hältst du fest an deiner Frömmigkeit? Lafs Gott fahren und stirb.** 10 Er aber sprach zu
ihr: Wie eine Frevlerin redest du. Das Gute wollen wir
von Gott hinnehmen, und gleichzeitig nicht das Böse empfangen? Soweit sündigte Hiob mit seinen Lippen nicht.

11 Die drei Freunde Hiobs hörten von all diesem Unglück, das über ihn gekommen war. Da zog Jeder aus
seinem Wohnsitz: Eliphas der Themanit, Bildad der

---

1 להתיצב וג'. — 3 d. h. obgleich er denken mufs, dafs ich ihm, dem Unschuldigen, ohne Ursache nachstelle. — 9 Vgl. Eva zu Adam. * d. h. wenn du Gott aufsagst, tödtet er dich und macht deiner Qual ein Ende.

Schuchit und Zophar der Naemathit, und verabredeten sich
alle, hinzugehn, ihm Beileid zu bezeigen und ihn zu trösten.
12 Von Ferne schon erhoben sie ihre Augen, aber erkannten ihn nicht.* Da klagten sie mit lauter Stimme und
weinten. Jeder zerriſs seinen Rock und streute Asche auf
sein Haupt — himmelwärts!** 13 Dann setzten sie sich
neben ihn auf den Boden, sieben Tage und sieben Nächte
lang. Keiner richtete ein Wort an ihn, weil sie sahn, daſs
das Leid allzu groſs war.

3 1 *Darauf öffnete Hiob seinen Mund, seinen Tag zu
verfluchen;* 2 *es hub Hiob an und sprach:*
3 Untergehe der Tag*, da ich sollte geboren werden
und die Nacht, welche sprach: Empfangen worden ist ein
Mann.** 4 Jener Tag werde Finsternis, nicht berücksichtige
ihn Gott droben, noch erglänze über ihn Lichteshelle.
5 Fordern möge ihn Finstre und Düsternis, wohnen auf
ihm Gewölk, ihn bestürzen Tagumnachtung. 6 Jene Nacht,
sie nehme fort Dunkelheit, nicht eine sie sich des Jahres
Tagen, in der Monate Zahl soll treten sie nicht. 7 Nein,
jene Nacht bleibe unfruchtbar, nicht ertöne Jubel in ihr!
8 Beschwören sollen sie Tagesverflucher, deren Geschäft
ist, Leviathan* zu wecken. 9 Finster mögen bleiben
ihrer Dämmerung Gestirne, sie harre des Lichts, das nie
erscheine, nicht soll sie erblicken der Morgenröte Wimpern: 10 weil nicht sie verschlossen meines Mutterleibs
Pforten, nicht Mühsal verhüllt hat meinen Augen.
11 Warum nicht starb ich auf dem Schoſse der Mutter,
kam aus dem Leibe nicht, um zu verscheiden? 12 Warum

---

12 Auch nicht, als sie näher gekommen; sie hatten verlangend nach ihm umgeschaut. * Vorwurfsvoll auf einen Zorn des Himmels deutend. Ael. h. a. 5, 49 Ende. — 3 Stat. cst. * Sofern in der Geburtsnacht sich zeigt, was früher empfangen worden. — 8 Das Krokodil, Sternbildgeist am Nordpol, Sohn des Seth, mitternächtiger Räuber des Horus-Lichtes. Vgl. Brugsch, Hierogl. Wb. 5, 74. 5, 132 Isis wehrt durch Zaubersprüche dem Drachen Apophis. Erman, Aegypten 1885 S. 473.

kamen entgegen mir Kniee, warum Brüste, mich zu säu-
gen? 16 *Oder warum bin ich keine Fehlgeburt worden,
verborgen ohne Dasein, wie die, welche niemals ** Licht
erschauen? 13 Dann könnte ich ja stille liegen, schlafen
dann, und für mich Ruhe haben, 14 mit Königen und
Herrschern der Erde, welche Ruinen sich neu erbauen;
15 oder mit Fürsten, Goldbesitzern, welche ihre Häuser mit
Silber füllen. 17 Dort hören Bösewichter auf zu toben;
dort ruhn aus, deren Kraft war ermattet; 18 haben alle
Gefangenen Frieden, hören den Ruf des Frohnvogts nicht·
19 Klein und Grofs ist dort beisammen, der Knecht befreit
von seinem Herrn. 20 Warum schenkte er dem Leidvollen
Licht, und Leben den in der Seele Betrübten, 21 welche
harren auf den Tod, ohne dafs er erscheint, und graben
nach ihm mehr als nach Schätzen? 22 die sich freuen
würden bis zum Jauchzen, frohlocken würden, fänden sie
das Grab!; 23 dem Manne*, dem sein Weg verdunkelt, den
Gott ringsum hat abgesperrt; 24 denn statt Brot für mich,
stellt sich mein Seufzen ein, und ergiefset sich statt
Wassers mein Brüllen. 25 Kaum fürcht ich das Schreckliche, erreicht es mich schon, und wovor mir grauset, es
kommt über mich. 26 Nicht Schweigen, nicht Stille, nicht
Ruhe hab ich: Aufruhr kommt.

4 1 *Es antwortete Eliphas der Themanit und sprach:*
2 Wenn wir das Wort an dich richten*, wirst du's
übelnehmen? doch Worte zurückhalten, wer vermöcht es?
3 Hattest du doch so Viele ermutigt, und schlaffe Hände
fester gemacht; 4 den Strauchelnden pflegten aufzurichten
deine Worte, zusammenbrechende Kniee machtest du stark:
5 Nun, da es dich erreicht hat, bist du haltlos; da es bis

---

[16] 16 hinter 12, schon Jo. Jac. Reiske, Coniecturae in Iobum 1779 p. 6. * כְּעוֹלָם Jer. 20, 17. — [23] Vgl. 20. — [2] = הֲ[אִם]נִשָּׂאָה. El. entschuldigt sich, weil er nichts Tröstliches zu sagen hat, wie er beabsichtigt hatte 2, 11, sondern ohne Mitleid Hiob theoretische Einwände macht.

zu dir gedrungen, bestürzt. 6 Ist nicht deine Gottesfurcht
eine Hoffnung für dich, nicht deine Zuversicht die* Lau-
terkeit deines Wandels? 7 Bedenke doch, wer ist unschuldig untergegangen*, wo sind Redliche vernichtet worden?
8 Soviel ich erfahren habe, pflegen die, welche Unrecht
pflügen und Mühsal aussäen, es zu ernten. 9 Vom Hauche
Gottes schwinden sie, und vor seines Zornes Winde vergehn sie. 10 Kaum läfst der Löwe Gebrüll, der Leu seine
Stimme vernehmen, sind den Junglöwen schon die Zähne
ausgerissen!, 11 der Löwe kommt um, noch eh er gepackt
hat, und die Leuenrotte wird zersprengt. 12 Zu mir dringt
eine Rede verstohlen, es vernimmt mein Ohr nur ein
Flüstern davon; 13 in Gedanken tiefer als Gesichte der
Nacht, wann Erstarrung über die Menschen fällt, 14 traf
ein Schrecken mich und ein Beben, und machte all meine
Gebeine verzagt; 15 und ein Wind zog vor dem Gesicht
mir hin, dafs meines Fleisches Haar sich sträubte; 16 es
trat, ohne dafs ich ihr Aussehn erkannte, eine Gestalt*
vor meine Augen hin; ich vernehme Schweigen und Laut
zugleich: 17 ‚Ist der Mensch mehr denn Gott gerecht,
oder mehr als sein Schöpfer lauter der Mann'? 18 Nicht
einmal seiner Diener ist Er sicher, und mifst seinen Engeln Torheit bei. 19 Und nun erst die Bewohner der
irdnen Gehäuse, die im Staube ihre Grundlage haben, die
man zerquetscht einer Motte gleich, 20 welche von Morgen
bis Abend zerklopft werden, unvermerkt beständig untergehn: 21 wahrlich, wird ihr Zeltpflock* in ihnen** aus-
gezogen, so sterben sie, unberaten von ihrer Weisheit!

5 1 So rufe doch, ob dir jemand antworten wird?
An welchen der Heiligen* wolltest du dich wenden?
2 Vielmehr den frevlen Thoren mordet sein Ungestüm, und
der Eifer tötet den Narren. 3 Ich hab gesehn, wie ein

---

6 ו schon von Reiske gestrichen. — 7 Relativsätze. — 16 Num. 12, 8. — 21 יִתְרָם Olsh., d. i. ‚die Seele'. — 1 Engel.

Thor entwurzelt * ward, daſs ich plötzlich seiner Stätte **
fluchen muſste. ⁴ Seine Kinder rückten weit ab von Rettung, wurden vor Gericht hilflos zertreten. ⁵ Er, dessen
Ernte [jeder] Hungernde aſs; und von seiner Schafher-
de * den Widder nahm; während Durstige sein Gut **
ausschöpften : ⁶ Denn geht nicht hervor aus dem Staube
sein Unrecht, und sproſst nicht auf aus der Erde sein Leid *?
⁷ Denn der Mensch ist zur Mühsal geboren, während das
Flammengeschlecht * hat höhern Flug. ⁸ Vielmehr i c h
würde Gott * befragen, und Gott anheimstellen meine
Sache : ⁹ der da schafft so Groſses ohne Ende, Wunderbares ohne Zahl; ¹⁰ der Regen spendet auf der Erde
Fläche, und Wasser über die Steppen schickt, ¹¹ um
Niedergebeugte emporzurichten, daſs Trauernde sich gerettet erheben; ¹² der vereitelt der Arglistigen Gedanken,
sodaſs ihre Hände nichts Kluges vollbringen; ¹³ der Weise
fängt in ihrer List, daſs Verschlagener Rath sich über-
stürzt, ¹⁴ bei Tage sie geraten in Finsternis, tappen wie
bei Nacht am Mittag; ¹⁵ errettet so vor ihres Mundes *
Schwerte und vor des Starken Hand den Armen, ¹⁶ sodaſs
der Geringe Hoffnung faſst, und Ungerechtigkeit ihren
Mund verschlieſst. ¹⁷ Ja, selig der Mann, den zurechtweist
Gott! Züchtigung Schaddai's mit Nichten verachte : —
¹⁸ denn er allein thut weh und verbindet, schlägt und zugleich heilen seine Hände — ¹⁹ dann errettet * er dich in
sechs Nöten, und in sieben hat dir nichts an das Unheil;
²⁰ erlöst er dich bei Hunger vom Tode, im Kriege aus den
Händen des Schwert's; ²¹ geht der Verleumder * um,

---

³ מְשֹׁרָשׁ 31, 8. *. Seinem Gewese, dem der Sprecher benachbart
ist, und dessen Unglück (z. B. Brand) ihn in Mitleidenschaft zieht. —
⁵ אֵיל. * מֹצֹאנָם, vgl. Am. 6, 4. ** d. i. Milch, l. חֲלָבְּם. — ⁶ Vgl.
4, 19. 25, 5 etc.; 8, 19, oder zweimal לֹ schreiben. Gegensatz
zu יִנְבִּירוּ 7. — ⁷ die Engel, d. i. Sterne, Sternschnuppen, Kometen
u. s. w. 25, 5. — ⁸ statt der Engel 5, 1. — ¹⁵ פִּיהֶם, d. h. vor den
tötenden Befehlen des Allmächtigen. — ¹⁹ Nachsatz von 17 b u. 5, 8.

²¹ בְּשׁוֹט לוֹשֵׁן, ὁ διάβολος; Reiske לָשׁוֹן = لِسَان.

bleibst du verborgen, hast nichts zu fürchten, wenn ein
Dämon* kommt; 22 dem Verderben* und Hunger darfst
du lachen, vor der Erde Getier hast du nichts zu besorgen,
23 sondern mit den Steinen im Felde ein Bündnis, und die
wilden Tiere sind dir befreundet; 24 du merkst, daſs in
Frieden steht dein Zelt; und, musterst du dein Gehöfte,
vermissest du nichts; 25 erfährst, daſs zahlreich wird dein
Same, und deine Sprossen wie Feldes Kraut; 26 mit Run-
zeln* gehst du ein in's Grab, wie die Miete aufsteigt zur
Reifezeit. 27 Schau, Dies haben wir ergründet. So verhält
sichs. Vernimm und sieh es Deinerseits ein.

6 1 *Hiob antwortete und sprach:*
2 O wenn doch gewogen würde mein Unwille, und
mein Unglück in die Wagschale gegenübergelegt! 3 ja
dann würd' wiegen d i e s * mehr als der Meere Sand.
Eben darum bekritteln** sie meine Worte! 4 Weil Schaddai's Pfeile in mir stecken, mit deren Gift sich tränkt mein
Mut, rücken sie mir Gottes Ueberfälle vor! 5 Schreit
wohl ein Wildesel beim jungen Gras, brüllt ein Stier vor
seinem Mengfutter? 6 Mag man genieſsen Fades ohne Salz,
oder ist Geschmack im Schleim des Althee's (Althaea)?
7 Es weigert sie zu berühren mein Appetit; Sie munden
wie Tinte meinem Gaumen*. 8 O wollte nur hindringen
meine Bitte, d i e Hoffnung mir gewähren Gott, 9 daſs er
geruhte, mich zu zermalmen, stürzte seine Hand, mich abzuschneiden,: 10 so würde noch einmal zu Teil mir Tröstung,
und triumphieren könnt ich über das Weh, das er nicht
spart; hab ich doch nicht verleugnet des Heil'gen Gebote! 11 Wie hinfällig ist meine Kraft, daſs ich warten

---

21 מִשֹּׁד, der Krankheit u. s. w. Ps. 91, 6. — 22 Durch Heuschrecken dgl. — 26 hochbetagt. — 3 * לָעוּ ‚belecken'. 6, 26. Grade diese Gröſse des Unglücks veranlaſst sie, mich zu kritisieren, d. h. mir Schuld zu unterstellen. — 5 Welche Fadheiten bringt ihr wohlgenährten Ochsen und Esel vor! — 7 הֵמָּה כִּדְוֵי לַחְמִי?

sollte! Wie bald mein Ende da, um Geduld zu haben!
12 Oder ist eine Kraft von Stein meine Kraft, oder mein
Fleisch ehern? 13 Nein, nicht zu helfen ist mir, und jeder
Ausweg abgeschnitten, 14 da man* seinem Freunde!
Mitleid weigert, und die Gottesfurcht in Stich läſst:
15 Meine Brüder sind mir untreu worden wie ein Bach, wie
das Strombett von überschwellenden Bächen, 16 welche
sich getrübt haben vom Eise, in denen sich geborgen der
Schnee, : 17 sobald sie gesengt werden*, versiegen sie, sobald es heiſs wird, erleschen sie von ihrer Stätte. 18 Biegen
Karawanen* ab von ihrer Straſse, langen sie vergeblich
an und kommen um. 19 Spähen die Karawanen Thema's
nach ihnen, erwarten die Reisezüge Saba's sie: 20 er-
blassen sie, weil sie voll Vertrauen* dahin kamen, und er-
röten. — 21 Nun, da ihr darüber* geraten seid, Furchtbares
zu schauen, bekommt ihr Bange**! 22 Hab ich etwa gesagt: ‚Seid so gut, und spendet aus Eurem Vermögen
für mich, 23 entziehet der Macht des Drängers mich,
und kauft mich aus der Tyrannenhand los!'* 24 Beweist
mir, so will ich schweigen, und was ich versehen, machet
mir klar. 25 Wie kränkend sind Worte* eines Tadlers, und
zumal Zurechtweisung von Eurer Seite. 26 Beabsichtigt ihr
Worte zu bekritteln? eines Verzweifelnden Reden zu
verscheuchen*? 27 Darnach würdet ihr auch eine Waise
verlassen, und verhandeln euren Landsmann! 28 Nun aber,
bitte, merket auf mich, ob ich euch in's Antlitz lüge?
29 Kehret nur um, damit kein Unrecht geschehe; noch
bleibt* meine Gerechtigkeit dabei bestehn. 30 Ist denn auf

---

14 לַמָּס [= לְמֹאס] מֵרֵעֵהוּ חָסֶד vgl. 1 Sam. 16, 1 ‚Man' d. i. die drei Freunde, 15. — 17 זרב späte aram. Aussprache von צרב. — 18 אֹרְחוֹת. — 20 בָטַח. — 21 לֹו. * Euch durch Mitleid mit einem Bösewicht zu compromittieren: Replik auf וְאָקוֹב 5, 3 vgl. 4, 5. — 23 Nur bedauernde Worte erwartete ich, nicht Aufopferung, obgleich ihr Freunde seid. — 25 ישר = יֹשֶׁר. — 26 וּלְרוּחַ zu הָרִיחַ רחה oder נרח = zurückweisen. — 29 וישב.

Meiner Zunge Unrecht, oder Mein Gaumen, versteht Er nicht Unheil?

7 [1] Wahrlich, Kriegsdienst hat der Mensch auf Erden, eines Taglöhners Tagen sind gleich seine Tage. [2] Wie ein Sklave [vergebens*] nach Schatten lechzt, wie ein Tagelöhner seinen Lohn ersehnt, [3] so sind Mein Erbteil Monate der Enttäuschung, Nächte des Leidens Mein Gewinn. [4] Wenn ich schlafen will und denke: wann werd ich aufstehn, so währet lang der Abend und ich geniefse Schlaflosigkeit bis zur Morgendämmerung. [5] Es umkleidet mein Fleisch Gewürm und Staubklumpen*; meine Haut bebet** und rinnet weg. [6] Meine Tage laufen rascher als ein Weberschiff, und vergehn in Hoffnungslosigkeit. [7] Bedenk' (o Gott), dafs ein Windhauch ist mein Leben, nie wieder* mein Auge Heil erschaut; [8] nie (wieder) gewahren mich kann das Auge defs, der nach mir sich umsähe, und selbst deine Augen sehn mich dann nicht*. [9] Es schwinden Wolken und gehn dahin: so, wer in die Unterwelt niederfährt, steigt nimmer empor; [10] kehrt nie wieder heim zu seinem Hause, und nie wieder erkennt ihn seine Wohnstätte. [11] Also mag ich auch nicht meinen Mund sparen, will aussprechen meines Geistes Not, klagen meiner Seele bittres Weh! [12] Bin denn Meer ich oder Drache, dafs Du mir ein Gewahrsam setzest? [13] Wenn ich denke, meine Bettstelle soll mich trösten, fortnehmen meine Klage die Lagerstatt: [14] schüchterst du mich ein mit Träumen, und schreckest mich mit Gesichten, [15] dafs lieber wünscht zu ersticken meine Seele, lieber den Tod sich, als meine Qualen*. [16] Ich verschmäh es, mag nicht ewig leben! Lafs ab von mir, da ein Nichts sind meine Tage! [17] Was ist der Mensch, dafs du ihn so grofs achtest, auf ihn dein

---

[2] vgl. שׁוא 3. — [5] vgl. 2, 8. *von den Würmern etc. l. נִיפַּם. — [7] auf Erden, nach dem Tode. — [8] Nach dem Tode hört das Dasein auf, und Gott blickt dann weder bös noch freundlich auf mich. Vgl. 21b und zu 10, 22. — [15] מֵעַצְבוֹתַי vgl. 9, 28. — [17] Warum behan-

Augenmerk richtest, 18 Musterung an ihm hältst jeden
Morgen, jeden Augenblick prüfest ihn? 19 Wie wenig
läſst du mich auſser Augen! läſst mich nicht so lange, als
ein Speichelschluck. 20 Sündigte ich, was könnt ich dir
anhaben, Wächter der Menschen? Warum nimmst du mich
zu deiner Zielscheibe, daſs ich dir soviel Umstände mache*?
21 Warum nimmst du nicht [auf einmal] weg mein Ver-
brechen, hebest nicht auf meine Schuld? Dann würde
ich im Staube liegen können, und wenn du mich suchtest*,
nicht mehr sein.

8 1 *Es antwortete Bildad der Schûchit und sprach:*
2 Wie lange redest du dergleichen; Deines Mundes
Worte sind gewaltiger Wind. 3 G o t t krümmt das Recht?
S c h a d d a i krümmt die Gerechtigkeit? 4 Wenn deine
K i n d e r gegen ihn gefehlt haben, hat er sie überlassen
der Gewalt ihres Abfalls. 5 Wenn d u aber dich an Gott
wendest, Schaddai um Gnade anzuflehn, 6 falls unschuldig
und redlich du bist: nun, dann wird er für dich erwachen,
dein gerechtes Besitztum wiedererstatten, 7 daſs dein
Anfang gering gewesen, aber dein Ende viel reicher sein
wird. 8 Denn frag nur ein früheres Geschlecht, und wende
dich, dessen Väter auszuforschen* — 9 denn Wir sind von
gestern, ohne Erfahrung, und kurz wie ein Schatten unsere Tage auf Erden —: 10 Wahrlich, sie werden's dir
weisen und sagen, nach i h r e r* Einsicht Worte vorbringen: 11 Wächst hoch* der Papyrus ohne Morast? Mehrt
sich das Riedgras ohne Wasser? 12 Grade während es in

---

delst du den schwachen Menschen so miſstrauisch, als ob er dir gefährlich werden könnte? V. 12. — 20 עליך. Oder: ‚als könnte ich dir lästig werden.' Der ausgelassene Begriff ‚und denkst dabei, ich könnte' etc. fehlt ähnlich in אָנֹכִי אֶרְשָׁע 9, 29, ich s o l l (nach deiner Meinung) schuldig sein. — 21 um mich zu quälen. Vgl. V. 8. — 8 לְחֵקֶר. — 10 so viel höhern. — 11 Der reiche Bösewicht gleicht einer stolz wuchernden Sumpfpflanze. So gut wie Gott die wachsen und gedeihen läſst eine Weile, ebenso menschliche Bösewichter.

seinem vollen Saft steht*, wirds abgebrochen und verdorrt
wie alles Grün. 13 Ebenso geht es den Gottvergessnen
allen, ebenso des Gottlosen Hoffen zu Grunde, 14 dafs er
sich entsetzt über seine Zuversicht* und zu Spinneweb
seine Zuflucht wird. 15 Lehnt er sich an sein Haus*, so hält
es nicht Stand, klammert er sich daran, so bleibts nicht
stehn. 16 Frisch war er* gewesen im Antlitz der Sonne,
über seinen Garten reicht' sein Gesprofs hinaus, 17 um
Steinhaufen flochten sich seine Wurzeln, in steinigem Boden (Fufs) zu fassen*: 18 Wenn er diesen vertilgt von
seiner Stätte, so verleugnet sie ihn: ‚ich kannte dich
nicht'. 19 Siehe, so endet sein lustiger Wandel und aus
dem Staube sprossen andre auf. 20 Nein, den Frommen
stöfst Gott nicht von sich, noch hält er fest der Bösewichter Hände. 21 Noch* wird er füllen mit Lachen deinen
Mund, und deine Lippen mit Triumphgeschrei, 22 deine
Feinde werden in Verzweiflung stürzen, und das Zelt der
Frevler wird nicht mehr sein.

9 1 *Es antwortete Hiob und sprach:*
2 Allerdings weifs ich, dafs es so ist*; wie darf ein
Mensch Recht behalten vor Gott? 3 Wollte er* gern mit
ihm streiten, er** dürfte ihm nicht ein Tausendstel beantworten. 4 Der weise, vernünftige, starke, mächtige,
wer trotzt' ihm und bliebe unversehrt? 5 Der Berge
versetzt, ohne dafs sie's merken; der sie umstürzt in seinem Zorn; 6 erbeben läfst die Erde von ihrer Stätte, sodafs ihre Säulen mit einander wanken; 7 der die Sonne
heifset, nicht aufzugehn, und um Sterne ein Siegel legt;
8 der den Himmel herabsenkt, der alleinige Gott, einher-
schreitet* auf den Höhen der See; 9 der da schafft die

---

12 לא = לו zu בְּאִבּוֹ gehörig, dat. ethic. — 14 sein Glück etc. s. u. — 15 seine Familie, wie Hiob. — 16 wie ein Baum. — 17 Bild für: 15, 28. 3, 14. * יְחַוֶּה, Adhortativ v. אחו. — 21 עַד. — 2 vgl. 8, 3. — 3 der Mensch wie Hiob vgl. 13, 3b. * der Mensch vgl. v. 14. — 6 im Sturm.

Plejaden, den Orion, den Sirius, den Ḥdr und die Zwil-
linge*, [10]der Grofses schafft, das nicht zu ermessen, und
Wunderbares ohne Zahl: [11]Er geht freilich an mir vorbei, ohne dafs ichs sehe, und fährt vorüber, ohne dafs ich
Ihn gewahre, [12]freilich entrafft er, wer könnt ihn zurückweisen, wer zu ihm sagen: Was thust du da? [13]Gott
würde seinen Zorn nicht hemmen: zu seinen Füfsen beu-
gen sich (selbst) des Rahab Helfer, [14]geschweige, dafs
Ich ihm antworten dürfte, wollt ich probieren* meine
Worte vor Ihm; [15]der ich, wenn ich Recht hätte, keine
Antwort erhielte*, (sobald) ich um mein Recht** flehte.
[16]Wenn ich ihn anrufe, er möge mich anhören*, bin ich
nicht sicher, dafs er auf meine Stimme hört, [17]Er, der
stürmisch mich zerquetscht, viele Wunden mir schafft ohne
Grund; [18]nicht mich Atem schöpfen lässet, sondern mich
satt macht mit bittren Leiden! [19]Gilts des Ueber-
mächtigen Kraft, ist er da, aber wer kann ihn zum Recht-
spruch bestellen?* [20]Bin ich gerecht, sein* Mund wird
mich schuldig sprechen; bin ich redlich, erklärt er mich
für hinterlistig. [21]Ich bin redlich! Mich schert meine
Seele nichts; ich verschmähe mein Leben, [22]es ist einerlei;
darum sag ich: Redliche wie Bösewichter läfst Er* verkommen! [23]Richtet eine Pest plötzlich ein Sterben an,
spottet sie des Anspruchs* der Unschuldigen. [24]Das (ganze)
Land wird den Händen von Bösewichtern preisgegeben,
über seiner Lenker Gesicht legt er eine Decke. Wenn
nicht Er etwa, wer denn sonst? [25]Meine Tage laufen
schneller denn ein Eilbote, fliehn dahin, ohne Glück zu
schauen; [26]fahren um die Wette mit Rohrbooten*, dem
Adler gleich, der auf Frafs herabsaust. [27]Denke Ich, vergessen will ich meine Klage, mein Gesicht lassen und mich

---

[9] = חדר ותאמן? — [14] NB. 34, 4. — [15] אֶעֱנֶה vgl. 11, 2. * לִמְשֹׁפְטִי. — [16] וַיַּעֲנֵנִי. — [19] יוֹעִדֵנִי. — [20] פִּיו. — [22] vgl. מי הוא 14b. [23] = לְמַסַּאת ,des Gewichtes‘, statt לְמַשְּׂאַת, ܡܣܐܬܐ vgl. 6, 1. — [26] auf dem Nil, nach Jes. 18, 2. — [27] אמרתי.

aufheitern: 28 graust mir ob allen meinen Qualen; ich gewahre, dafs du mich nicht schuldlos sein läfst. 29 Ich
mufs schuldig sein! warum soll ich mich denn vergeblich
mühen? 30 Wenn ich mich wüsche weifs wie Schnee* und
reinigte mit Lauge meine Hände, 31 würdest Du in den
Koth* mich tauchen, würden zum Scheusal mich machen
meine Kleider. 32 Denn nicht wie meines Gleichen* darf
ich ihm antworten, als gingen wir zusammen vor Gericht!
33 Zwischen uns giebt es keinen Schiedsmann, der über
uns zwei seine Macht erstreckte! 34 Nehme er fort von mir
seinen Zuchtstock, und sein Dräuen überfalle mich nicht,
35 so will ich darthun, ohn' ihn zu fürchten, dafs ich keineswegs so* mich selber dünke.

10 1 Es ekelt meiner Seele vor meinem Leben; so lafs
ich frei über mich ergehn meine Klage, spreche aus meiner
Seele bittres Weh*; 2 sage zu Gott: verdamme mich nicht!
zeige mir, weshalb du mit mir haderst? 3 Ist es Dir an-
gemessen, zu unterdrücken, zu entehren die Errungenschaft
deiner Hände, und der Bösewichter Rathe* voranzu-
leuchten? 4 Hast du fleischliche Augen oder siehest wie
ein Mensch sieht? 5 Sind wie des Menschen Tage deine
Tage, oder deine Jahre, wie eines Sterblichen Tage, 6 dafs
du suchest nach meiner Verschuldung, und nach meiner
Sünde forschest, 7 trotzdem du weifst, dafs ich nichts ver-
brochen, und Niemand aus deiner Hand mich rettet?
8 Deine Hände gestalteten mich, fertigten mich ringsum
zumal, und nun vernichtest du mich! 9 Denke doch, dafs
du mich wie aus Lehm gemacht hast, und mich wieder zu

---

30 כְּמוֹ Jes. 1, 18 f. — 31 בשחת = בַּפַּחַת cf. סוּחָה כְּחִי. — 32 Die Gerechtigkeit Gottes sollte bewirken, dafs ich mit ihm auf gleichem Fufs rechten dürfte. — 35 schuldig. — 1 Da der Fall 9, 34 f. unmöglich ist, so will ich auf die Gefahr hin, mein Leben zu lassen, dennoch sagen, was ich zu sagen habe. — 3 meiner Gegner Dogma Vorschub zu leisten. Es ist böse, weil ich in Folge davon verleumdet werde.

Staub werden läfst. [10]Ergossest du mich doch wie Milch
und liefsest mich wie Käse gerinnen; [11]bekleidetest mich mit
Haut und Fleisch, und umlegtest* mich mit Knochen und
Nerven; [12]liebende Fürsorge erwiesest du mir, und deine
Pflege erhielt meinen Odem, [13]und hattest Dieses verborgen
in deinem Herzen, ich erfahre, dafs Solches war
dein Ziel: [14]mir aufzupassen, wenn ich fehlen würde, und
meine Verschuldung mir nicht zu verzeihn; [15]wenn ich
sündigte, Gnade mir! aber wär ich gerecht, nicht erheben
dürft ich mein Haupt gesättigt mit Schmach und getränkt*
mit meinem Elend; [16]richtete es sich dennoch empor: wie
ein Leu würdest du mich erjagen und wiederum dich wunderbar
zeigen an mir; [17]würdest erneuern deinen Grimm*
vor mir, und oft wiederholen deinen Groll gegen mich,
ein Heer nach dem andern belagerte mich. [18]Warum hast
du aus dem Mutterleibe mich hervorgehn lassen? warum
nicht* verschied ich, von keinem Auge erblickt, [19]ward,
wie wenn ich nicht geworden wäre, vom Mutterleibe gleich
ins Grab geführt. [20]Sind doch nur wenige meine Tage!
Er lasse ab*, rücke fort von mir, damit ich nur etwas
aufblicken kann, [21]bevor ich hingehe, ohne zurückzukehren,
in das Land des Dunkels und der Finsternifs, das Land
der Umnachtung, dem Düster gleichend*; der ordnungslosen
Finsternis, die dunkel bleibet, selbst wenn Du (Gott)
leuchtest!*

11 [1]*Es antwortete Zophar der Naemathener und sprach:*
[2]Darf der Mann so vieler Worte* ohne Antwort bleiben
und der Schwätzer Recht behalten? [3]Dürfen deine
Lügen Leute stumm machen, darfst du höhnen unbeschämt?

---

[11] oder: schirmtest. — [15] ראה = רָוֶה. — [17] עֵירְךָ. — [18] Die Verneinung liegt im Fragesatz. — [20] יָשִׁית, oder יְשִׁית als Zustand von יֶחְדָּל. — [21] Die Häufung der Synonyma ist echt; der Gedanke wie 7, 8. 21. 17, 16. Der Tod ist das Nichts auch für und durch Gott. Jes. 38, 18. Dunkel gleich Nichts schon 3, 6 vgl. Gen. 1, 2. 3. — [2] הֲרֹב.

4 Du behauptest, lauter ist meine Darlegung, und dünkst*
dich rein in deinen Augen. 5 Allein, wenn Gott nur reden
wollte, öffnen würde seine Lippen vor dir, 6 um dir zu
zeigen, daſs die verhüllten Tiefen seiner Weisheit doppelt
übertreffen die Vernunft, so würdest du lernen, daſs vergessen dich* hieſs Gott deine Verschuldung. 7 Kannst du
etwa Gottes Urgrund erreichen oder bis zur Grenze Schaddais dringen! 8 Die Himmelshöhen! — was willst du
machen? tiefer als die Unterwelt, was erkunden? 9 länger
als die Erde zu ermessen* und breiter als die See. 10 Wenn
Er daherfährt, verhaftet und vor die Gerichtsversammlung
bringt, wer kann ihn widerlegen? 11 weil er allein die
Heuchler erkennt, und er die Männer* der Falschheit
durchschaut*, ohne daſs sie es gewahren: 12 dagegen der
Mensch ist von hohlem Verstande, und als Erzesel der
Mann wird geboren*. 13 Du nun, stellst du richtig deine
Einsicht, um zu ihm auszustrecken deine Hände, 14 entfernst den Trug, der etwa in deinem Bereich ist, läſst
durchaus nicht wohnen in deinen Zelten Unrecht: 15 ja
dann darfst du dein Antlitz* vorwurfsfrei erheben, und
wirst fest und furchtlos dastehen, 16 ja dann* des Leides
wirst du vergessen, wie an vorübergefluthet Wasser daran
denken; 17 sonniger als der Mittag ersteht dein Leben;
war es dunkel gewesen, nun wird Morgenhelle; 18 Vertrauen
gewinnst du, daſs es giebt eine Hoffnung; spähest* und
legst dich sicher schlafen, 19 lagerst, ohne daſs etwas dich
aufschreckt, ehrfurchtsvoll naht dir das Volk; 20 aber der
Bösewichter Augen verschmachten, Ihnen ist jedes Entrinnen verloren; Ihre Hoffnung, das Leben aushauchen.

12 1 *Es antwortete Hiob und sprach:*
2 Wahrhaftig, Ihr seid Leute, mit Euch stirbt die

---

4 הָיִיתָ. — 6 vgl. 9, 11 אבין לו und 39, 17. — 9 מִדָּה acc. — 11 Ergänze מתי. — 12 er ist unfähig Recht und Unrecht in einem Falle, wie Hiobs, zu unterscheiden. — 15 Vgl. 10, 15. — 16 עתה parallel אז v. 15. — 18 nach dem Feind.

Weisheit aus! 3Mein Verstand ist auch noch wie eurer,
nicht steh Ich hinter Euch zurück, wer überhaupt weiſs
So etwas nicht!? 4Zum Gelächter muſs ich meinen Mitmenschen dienen, weil ich zu Gott rufe, mich zu erhören*,
zum Gelächter der Gerechte, Redliche!? 5Der Leuchtspan* erscheint verächtlich der Meinung eines Sorgenfreien,
welcher denen frommt, deren Füſse wanken. 6Ruhig stehn
die Zelte Verwüstern, gesicherte Wohnungen Gotterzür-
nern, welche hineingeführt hat Gott mit eigner Hand!
7Nun aber* frage nur das Vieh, es wird dich lehren, und
die Vögel des Himmels, sie werden dich weisen, 8oder
sprich zum Gewürme*, es wird dich lehren, und erzählen
werden dir die Fische des Meeres, 9(wer hat es denn nicht
durch diese alle erfahren): daſs* Gottes Macht dies be-
wirkt hat, 10in dessen Hand die Seele jedes Thiers, und
der Geist jeglichen Menschenwesens? 11(Mein)* Ohr
weiſs doch wohl die Worte zu prüfen, (mein) Gaumen die
Speise sich zu kosten, 12hängt doch vom Alter ab die
Weisheit und von der Länge der Tage Einsicht: 13Bei
Ihm* ist Weisheit und Ueberlegenheit**, Er hat Plan
und Einsicht! † 14Freilich, Er reiſst ein, was nicht wie-

---

4 וַיַּעֲנֵהוּ. — 5 Sprichwort! Ein Leuchtspan ist dem im Dunkel strauchelnden Hiob seine in V. 1 hervorgehobene Gerechtigkeit und Redlichkeit. Wer nicht nächtens unterwegs ist, sondern zu Hause sicher sitzt, weil ihn Gott da schützt, der versteht diese Bangnis und Hoffnung nicht, wie Ihr meine Verwüster und Verleumder, und Gotterzürner! Oder: 4 ich der Redliche, ein in der Schätzung Sorgenfreier verächtlicher, aber denen zur Rettung hingestellter Leuchtspan, deren Füſse wanken. Sach. 3, 2. — 7 knüpft an 2. 3 an: nun aber erwidere ich auf deine Voraussetzung, als wenn du mir mit dem Hinweis auf die Natur als Zeugen von Gottes überlegener Weisheit etwas Neues gesagt habest, mit den Worten, die das Gegenteil beweisen. Dein הכין לב 11, 13 habe ich nicht nötig. — 8 לְשֶׁרֶץ וְיֹרֶךָּ. — 9 Object seit V. 7. — 11 Auch mein Ohr, so gut wie das eure; und auſserdem bin ich alt genug, um aus Erfahrung zu sprechen (älter als ihr), daſs Gott Quelle der Weisheit ist u. s. w. Vgl. die Replik darauf 15, 10.—29, 8. 18 beweist nicht dagegen, also ist der Satz nicht Frage. — 13 Gott. * d. h. überlegene Weisheit. † sarkastisch.

dergebaut wird, kerkert ein den Menschen, und Niemand kann öffnen, [15] denn er hält Wasser* auf, daſs es vertrocknet, läſst es frei und es stürzt das Land um. [16] Im Bunde mit ihm (schaltet) Macht und Verstand, von ihm kommt her, wer irrt und verführt; [17] der Minister baarfuſs wandeln läſst und Richter bethört; [18] das Gurtband* der Könige aufknüpft und wegthut** den Schurz † um ihren Lenden, [19] der Priester baarfuſs wandeln läſst und die Ehrwürdigsten* (zum) Verderben ablenkt, [20] der raubt die Lippe den Getreuen* und die Ueberlegung den Volksältesten nimmt, [21] ausschüttet Schande über den Adel und den Damm der Kanäle lockert*, [22] bloſslegt die Tiefen sonder Dunkel, hervortreten läſst das Finstere ans Licht, [23] irre leitet* die Völker, sie zu verderben, ausbreitet** die Völker und sie lenkt, [24] der den Verstand raubt den Häuptern des Volks im Lande und sie in wegloses Chaos* verführt, [25] so daſs sie in Finsternis und Lichtlosigkeit tappen, da er sie irren läſst wie Trunkene.

13 [1] Das alles hat freilich geschaut mein Auge, gehört mein Ohr und wohl verstanden. [2] Wie ihr's erfuhret, erfuhr es auch ich, hinter euch steh' ich nicht zurück: [3] Allein ich möchte vor Schaddai* reden, vor Gott zu kritisiren gefällt mir. [4] Ihr dagegen seid Lügenkleber*, Götzenflicker ihr allzusammen! [5] Wolltet ihr nur fein stille schweigen, so würde es euch zur Weisheit gereichen.

---

[15] Bild für Völkerströme oder für ein rebellisch Volk, vgl. 21. — [18] מוֹסֵר. * וַיֶּאְסֹר. † Symbol der Kraft. — [19] Jes. 19, 11, wie den Lauf groſser Flüsse. — [20] verführt sie, ihr gegebenes Versprechen nicht zu halten. — [21] Damm des Gesetzes und der Unterwerfung im Volk, = מזח, بَنْد Jes. 23, 10, wie auch de Lagarde irgendwo bemerkt hat. — [22] Nach Ablauf des Kanalwassers tritt der Grund hervor, die unsaubern Elemente schwimmen oben. — [23] מַשְׂגֶּא wie 16. * über ihre Grenze. [24] d. i. Anarchie. — [3] vgl. 15 b. Meine Rede ist für Gott berechnet und soll zu Ihm dringen. — [4] Der Gott Eurer Vorstellung ist ein Götze. * aram. vgl. Hes. 13, 11.

6 Vernehmet nur meine Kritik, meiner Lippen Bestreitung
lauschet. 7 Wollt ihr Gott zu Gunsten Unrecht reden, ihm
zu Liebe Sophismen vorbringen? 8 Etwa seine Partei nehmen, für Gott processieren? 9 Kann es glücken, da er
euch auf den Grund sieht? oder könnt ihr Ihn wie Menschen zum Besten haben? 10 Ausschelten wird er euch,
falls ihr insgeheim parteiisch seid. 11 Ja, seine Hoheit wird
euch überraschen, und sein Schrecken über euch stürzen.
12 Eure Citate sind Sprüche aus Asche, Lehmschanzen eure
Verschanzungen. 13 Schweigt nur vor mir und lasset mich
reden, mag mir passieren was da wolle* : 14 Ich nehme
mein Fleisch mit meinen Zähnen, und lege meine Seele in
meine Hand : 15 Zwar töten **wird** er mich unverweilet! —
Nur in's **Antlitz** möcht ich ihm noch meinen Wandel
vorhalten; 16 so kommt er mir auch zu Hilfe*; denn ein
Gottesleugner darf nicht vor ihn kommen. 17 Höret auf-
merksam meine Rede und meinen Beweis mit euren Ohren.
18 Wohlan denn, ich mache den Rechtsstreit anhängig, mir
wohl bewufst, dafs ich Recht hab. 19 Wer sollte mich zu
bestreiten wagen? Dann freilich müfste ich schweigend
sterben. 20 Zweierlei nur thue mir nicht an, damit ich mich
nicht vor dir verstecke: 21 deine Hand von mir halte fern,
und dein Grausen überfalle mich nicht! 22 Fordere mich
vor, und ich will antworten; oder ich rede und du wider-
legst mich. 23 Wie viele Verschuldungen und Sünden habe
ich? Meinen Abfall und meine Sünde künde mir!
24 **Warum** verbirgst du dein Angesicht, und betrachtest
mich als deinen Feind? 25 Auf zerstiebendes Laub stürmst
du los und dürrer Spreu jagest du nach? 26 indem du
mir anschreibst seit vergangenen Geschlechtern*, mir nach-
trägst die Vergehn meiner Jugend, 27 in den Block legest

---

13. 14 על מה Dittographie. — 16 würde Hiob der Wunsch, Gott von Angesicht zu Angesicht zu schauen, erfüllt, so wäre das schon seine Rechtfertigung; denn etc. — 26 מִדּוֹרוֹת, die Schuld der Väter an mir heimsuchend.

meine Füſse, beobachtest all meine Pfade, und dich in
die Sohlen meiner Füſse eingräbst: —
28 Er aber zerfällt wie von Wurmfraſs, wie ein Kleid, das
die Motte friſst, **14** 1 der Mensch, vom Weibe geboren, der
Kurzlebige, der Unruhsatte! 2 Wie eine Blume sprieſst er auf,
hinzuwelken und entflieht wie ein Schatten ohne Bleiben:
3 Und obwohl dies offen vor deinen Augen liegt, machst
du Mir* noch den Prozeſs vor dir! 4 O wolltest du mich
doch rein sprechen, statt schuldig erklären, ohne Zaudern*!
5 Wenn bestimmt sind seine Tage, seiner Monde Zahl von
dir, du ihm eine unüberschreitbare Frist gesetzt hast,
6 so übersieh ihn doch, laſs ihn in Ruhe, daſs er wenigstens wie ein Miethling seinen Tag genieſse. 7 Ja freilich
ein Baum hat Hoffnung; wird er abgehauen, schlägt er
wieder aus und sein Trieb hört nicht auf; 8 wenn altert
im Boden seine Wurzel und im Staube sein Stumpf erstirbt, 9 treibt er vom Geruche des Wassers Knospen und
macht Zweige wie ein Pflänzling. 10 Der Mensch aber
stirbt, um hinzusinken, es verendet der Sterbliche und wo
bleibt er dann? 11 Es verrinnt das Wasser aus dem Nile*,
der Kanal versiegt und liegt trocken: 12 so legt sich der
Mensch, nicht aufzustehn; bis kein Himmel ist, erwachen
sie nicht, noch weckt man sie aus ihrem Schlafe. 13* Wolltest du mich in der Unterwelt aufheben, verborgen halten,
bis dein Zorn sich gelegt hat, nach einer Frist dich meiner
erinnern* 14 (doch kann ein Mensch nach dem Tode
lebendig werden*?): würde all meine Dienstzeit hindurch

---

[3] demselben nichtigen Geschöpfe. — [4] מִי יִתֵּן טָהֹר מִטָּמֵא לֹא אַחַר. — [11] Text: Meere. — [13] bis [17] Sinn: Hätte ich nur Hoffnung auf deine Barmherzigkeit in der Zukunft, die mir abgeschnitten ist. Das traurige Menschenloos legt dir Vergebung nahe, selbst da wo Schuld ist, um wie viel mehr bei mir, wo keine ist. Dazu 18 ff. die Grausamkeit Contrast. — [13] Hiob denkt, als ob er zur Schildwache im Scheol auf Zeit abkommandiert wäre, bis der Offizier ihn auf die Oberwelt abruft. — [14] ‚Nadr entendrait-il ma voix? peut-on croire qu'un mort, qui ne peut parler, soit capable d'entendre?' Trauerlied

ich warten, bis käme meine Ablösung, 15 du riefest, damit ich dir antwortete, nach deiner Hände Werk dich seh-
nend* : 16 dann würdest du, meine Schritte* zählend,
übersehen meinen Fehltritt, 17 verschlossen lassen im
Beutel* mein Vergehn und durchstreichen** meine Schuld.
18 Nun aber, es sinken dahin (selbst) stürzende Berge, Felsen
rücken von ihrer Stelle, 19 Steine höhlet aus das Wasser,
schwemmt mit seinen Fluthen den Erdboden fort; und des
Menschen Hoffnung — die läfst du auch verkommen,
20 greifst beständig ihn an, sodafs er vergeht, entstellst sein
Aussehn und läfst ihn fahren. 21 Gelangen zu Ehre seine
Kinder, er merkt es nicht; bleiben sie verachtet, er ge-
wahret sie nicht : 22 nur auf eigne Rechnung leidet sein
Fleisch, nur auf eigne härmt sich seine Seele*.

15 1 *Es antwortete Eliphas der Themanit und sprach:*
2 Darf ein Weiser mit windigem Wissen antworten,
erfüllen mit Ostwind seinen Bauch? 3 beweisen mit Rede,
die nichts tauget und mit Worten, damit er nicht nützt?
4 Und du unterwühlst gar die Gottesfurcht und thust
Eintrag der Andacht vor dem Höchsten, 5 sodafs deine
Schuld lehret dein Mund und du erwählst der Arglistigen*
Zunge. 6 Dich verurtheilt dein Mund, keineswegs ich,

---

der Kutaila bint Hārith auf ihren Bruder Nadr: Journ. As. Déc. 1835 p. 509. — 15 NB. Hauptmotiv der Verzeihung. Unter der Rection von מי יתן. — 17 Vorbild 1 Sam. 25, 29. Die Schleudersteine, die im Beutel bleiben, töten nicht. Kaum: wie ein Offizier oder Vogt, der seine Notiztafel mit den Schuldvermerken in einem Beutel aufbewahrt, aus dem er sie ev. nicht hervorlangt. L. חֹתָם oder חָתָם ebensogut: ‚verschlossen bliebe'. * טפל überschmieren (aram.) vgl. 13, 4. — 22 Die Seele im Fleisch, nicht *εἴδωλον καμόντος*. Syllogism : Weil der Mensch, als Vorfahr betrachtet, von dem Leiden der Nachfahren nichts an sich verspürt, so kann dasselbe in einer gerechten Weltordnung nicht vom Vorfahr verschuldet sein. Die Frage : schuldig oder unschuldig? kann sich nur auf die leidende Person selbst beziehn. Vgl. 13, 26; und die Replik 15, 35. — 5 der Verstellten, die vor Gericht ihre Schuld dem Gegner in die Schuhe schieben.

Deine Lippen widerlegen dich. [7]Bist du als Erster der
Menschen geboren*, vor den Hügeln zur Welt gekommen,
[8]im Rathe Gottes Ohrenzeuge gewesen, zu unterschlagen
Weisheit für dich? [9]Was weifst denn du, das wir nicht
wüfsten, was siehst du ein, das wir nicht können? [10]So
Grauer wie Greis ist unter uns, älter als dein Vater* an
Tagen. [11]Sind dir zu gering Tröstungen Gottes und
(seine) leise an dich gerichteten Worte? [12]Wie kannst
du dir so sehr die Besonnenheit nehmen lassen und so
hochmütig* blicken, [13]dafs du deinen Unmut an Gott
auslässest, (ihm) Worte aus deinem Munde leihst! [14]Was
ist der Mensch, um fleckenlos zu sein; gerecht zu sein der
vom Weibe* Geborne? [15]Ist Er doch seiner Heiligen
nicht sicher, der Himmel nicht rein in Seinen Augen!
[16]Um wie viel weniger ein Besudelter, Verdorbener, ein
Mensch*, der wie Wasser Unrecht trinkt. [17]Darlegen
will ich dir, höre mich an, was ich gesehn hab, will ich
erzählen; [18]was Weise berichtet unverhohlen, von ihren
Vätern, [19]denen allein war gegeben das Land, und unter
die noch kein Fremdling gezogen: [20]Sein ganzes Leben
hindurch wird der Bösewicht gepeinigt, nur wenige* Jahre
sind vorbehalten dem Tyrannen. [21]Schrecken! schallt es
in seinen Ohren, mitten im Frieden überfällt ihn der Verwüster.
[22]Nie ist er sicher dem Unglück* entzogen**,
sondern bleibt erspäht dem Schwerte; [23]irrt hierhin und
dorthin nach Brot*, wo er's finde, bewufst, dafs durch ihn
selbst der Unglückstag eintraf. [24]Ihm dräuet Not, ihn
zwingt Bedrängnis, plötzlich wie der Blitzengel naht*;

---

[7] weist wie V. 10 zurück auf 12, 12. — [10] sein würde, wenn er lebte. Mittelbar Andeutung, dafs die Partei der drei weit älter ist als die Hiobs. — [12] יְרוּמוּן Spr. 30, 13. — [14] von der „Menschin“, nach der falschen Volksetymologie. — [16] sowohl Jeder, als besonders Hiob, da er als geheimer Sünder angesehen ist. — [20] d. h. glückliche. — [22] Wörtlich ‚der Finsternis‘. שׁוּב von Reitern, die kehrt machend entfliehen. — [23] Krieg + Hunger. — [24] כְּמֶלֶךְ (מַלְאָךְ) עָתִיד לַכִּידוֹר 33, 22. 41, 11. Vgl. 1, 16.

25 weil er ausgestreckt gegen Gott seine Hand, und gegen
Schaddai als Held sich erkühnte, 26 ihn anrennend mit
seinem Halse*, mit seinen dicken Schildeswölbungen;
27 weil er bekleidet sein Antlitz mit seinem Uebermut*,
Sprache verliehn hat seiner Frechheit*, 28 besiedelt hatte
längst vertilgte Städte, Häuser, die Niemand bewohnen
mochte, die zu Steinhaufen waren bestimmt. 29 Er wird
nicht reich, noch hat sein Gut Bestand, noch schlägt er
im Lande Nachtzelte* auf. 30 Aus dem Unglück kommt
er nicht heraus*, seinen Schöfsling dörret die Flamme,
sodafs dieser vergeht vor dem Hauch Seines Mundes*.
31 Mög er Truge nicht trauen: er täuscht sich, 32 denn als
Trug stellt sich heraus sein Palmschofs*, plötzlich verwelkt er und sein Wedel bleibt nicht grün. 33 Er beraubt
sich wie der Weinstock seiner Herlinge, läfst abfallen wie
der Oelbaum seine Blüten: 34 denn die Sippschaft der
Gottlosen bleibt steinhart* und Feuer frifst der Bestechung
Zelte; 35 mit Plage schwanger, gebären sie Unheil, und
ihr Mutterschofs zeitigt nur Betrug.*

16 1 *Es antwortete Hiob und sprach:*
2 Dergleichen hab ich viel gehört: Plage-Tröster seid
ihr alle. 3 Bist du fertig mit windigem Gerede, welche
Ursache hast du zu so kränkender Antwort! 4 Auch ich

---

26 mit gestrecktem Halse. — 27 Was in seinem Herzen חלב verborgen war, drückt nun sein freches Minenspiel aus: die Heuchelei Hiobs kommt zu Tage (15, 5 f.). * פִּימָה = פֻּמָּא aram. Form falsch vokalisiert; die Femininendung ist auch sonst im Hi. der mifsverstandene st. determ. עֲלֵי = אֵלִי. — 29 als נֵר; l. מְלָנָם vgl. Jer. 9, 1 und sonst: נָטָה לָלוּן; obdachlos verfolgt etc. — 30 nämlich, er verliert seine Kinder obendrein. * der Sohn des Sünders (Hiobs) durch Gott. — 32 תְּמוּרָתוֹ von תָּמָר; Persifflage des Hoffnungsbaums 14, 7. Also hier: die Kinder. — 34 unfruchtbar. — 35 d. h. die Kinder des Bösen, von einer Mutter stammend, die von der Bosheit ihres Vaters geschwängert ist, können auch nur Böse und Betrüger, also der Strafe Verfallene, sein. Umgekehrt: von der Strafe der Kinder Hiobs kann man auf die Sündhaftigkeit des Vaters schliefsen.

wollte wie ihr reden, wenn ich in eurer Lage wäre*;
wollte euch mit Worten bezaubern**, bedauernd schütteln
über euch mein Haupt, 5 um euch zu trösten mit meinem
Munde und dem Beileid meiner Lippen*. 6 [So aber],
wenn ich sprechen möchte, verschont mich mein Leiden
nicht, auch wenn ich aufhöre, weicht es nicht von mir!
7 Schon hat es* mich ganz müde gemacht! Vernichtet
hast du meine ganze Partei** : 8 Dafs du mich hinraffst,
dienet als Zeugnis, tritt auf wider mich, mich Lügen
zu strafen*, mich ins Antlitz zu widerlegen. 9 Sein Zorn
zerreisset und verfolgt mich, Er knirscht über mir seine
Zähne, mich erjagend* wetzt er seine Augen auf mich.
10 Aufreifsen sie ihren Mund wider mich, mit Schande
schlagen sie meine Wangen, alle wider mich einander hel-
fend. 11 Preis giebt Gott mich Ungerechten, in Gewalt
von Bösewichtern* stürzt er mich. 12 Ruhig lebte ich, bis
er mich zerstückelte, meinen Nacken packte, mich zu zer-
schmettern, und mich hinstellte zu seiner Zielscheibe.
13 Es umzingeln mich seine Schützen, Er durchbohrt meine
Nieren schonungslos, schüttet zu Boden meine Galle.
14 Legt Bresche in mich über Bresche, anrennend gegen
mich wie ein Kriegsheld. 15 Geflicktes Trauerkleid hab ich
über meine Haut gelegt und in die Erde gesenkt mein
Horn. 16 Mein Gesicht rötet sich vom Weinen, über meine
Lider legt sich Finstere : 17 obgleich kein Raub in meinen Händen und mein Gebet rein ist! 18 Erde, bedecke
du nicht mein Blut* und nimmer finde Ruheplatz** mein

---

4 d. h. ‚ohne Schmerzen‘, vgl. 6. So nach deutscher Gedankenordnung. * wie der Schlangenbanner Ps. 58, 6. Deut. 18, 11. Denom. von חֶבֶר, Bannspruch. — 5 יחשך zu streichen als Dittographie (v. 6). — 7 כאבי. * oder עֵדָתִי? ‚Zeugenschaft‘; das eine ist jedenfalls gleich dem andern; vgl. 15, 34. 6, 13. 14. — 8 כַּחֲשִׁי Inf. Piel wie הוֹכֵחַ 15, 34 oder Subst. כַּחַשׁ in dieser Bedeutung. Oder בְּכַחֲשׁוֹ? ‚wider mich tritt auf Seine, Gottes, Verleugnung‘. — 9 צָרִי 10, 16. 19, 6 besser als צָרַי ‚als mein Feind.‘ — 11 d. seine Gegner. — 18 das schon jetzt fliefst und noch fliefsen wird, bis nach meinem Tode. * auf Erden; er fliege wie ein Vogel gen Himmel.

Racheschrei! [19] Noch bleibt* mir dort im Himmel ein
Zeuge; Wer mich bestätigen kann in der Höhe! [20] Mein
Dolmetscher* ist mein Hirte: zu Gott thränet mein
Auge! [21] O möge er richten den Mann* vor Gott; zwischen**
dem Menschen und seinem Hirten†! [22] Denn der letzte
Termin meiner Jahre ist da und ich muſs auf die Reise
ohne Wiederkehr gehn*. **17** [1] Mein Odem ist verdorben,
meine Tage verloschen, ich ruhe im Grabe!

[2] Oh, man verhöhnt mich! Meine Augen ermatten*
ob ihrer Verhetzung. [3] Erlaube wenigstens für mich eine
Bürgschaft* bei dir (Gott!) Doch wer sollte (als Bürge)
in meine Hand einschlagen, [4] da du ihr Herz der Einsicht
entzogen, und es* (dadurch) so hochmüthig gemacht hast!
[5] Zur Verteilung* bietet Er (Gott) Freunde aus, und seiner Kinder Augen müssen verschmachten! [6] stellt mich
hin zum Gespött der Leute, daſs man vor mir ausspeit,
[7] daſs vor Gram mein Auge trüb wird, und meine Seh-
bilder* unklar wie Schatten, [8] daſs entsetzt werden Red-

---

[19] Die übrigen Zeugen waren nach v. 7 vernichtet. — [20] מְלִיצִי רֹעִי Ps. 23, 1; Gott vermittelt zwischen den beiden Parteien, Hiob und den Freunden, das Verständnis seines Leidens. NB. das Vertrauen, die Sehnsucht Hiobs, die in dem Ausdruck ‚Hirt' liegt. 10, 8. חכסף 14, 15. Hieraus stammt 33, 23. — [21] Hiob. * וּבֵן Ewald. † לְרֵעֵהוּ. — [22] So! Kaum מִמִּסְפַּר, sofern Hiob sich nach 17, 1 schon im Grabe dünke und seine eigene Trauerklage anhebe: 30, 31. Denn שנות paſst dazu nicht. — [2] חֲלִן = הֲלָאִין. — [3] עָרְבֵנִי. — [4] לֹא = לוֹ = לִבָּם. ל = aram. wie öfter. Aus Mangel an Vernunft und Besonnenheit treten diejenigen nicht als Bürgen von Hiobs Unschuld, als Verteidiger bei dem Gläubiger Gott ein, die dazu berufen wären. Vgl. 16, 7. 6, 23. — [5] Nachdem der Concursschuldner Hiob, der Gottesfreund — der Gott seinen Hirten nannte 16, 20. 21 — schuldig erklärt ist, verkündet der Richter, daſs sein Vermögen incl. seine Person an die Gläubiger zu verteilen sei. Gerichtsausdrücke. Er ist ein Gotteskind. Vgl. 16, 11. — [7] viell. וְיִצֻרַי von יֵצֶר die Gestalten, welche das Auge sieht, seine Vorstellungen, erscheinen nicht mehr plastisch deutlich, ihre Umrisse werden unsicher, schweifend wie Schatten, dunkel. So beim sinnlichen wie geistigen Auge. Vgl. 16, 7a. 23, 15, 16.

liche darüber, der Unschuldige sich über den Gottlosen
empört, : 9 doch fest hält er, der Gerechte, an seinem
Wandel, und rein an Händen gewinnt er an Mut!* 10 Wohlan denn, kehret nur alle um zu Mir her; ich finde nicht,
dafs ein einziger unter euch weise ist : 11 Zur Zeit*, da
vorbei sind meine Pläne, abgerissen meines Herzens Wünsche**, 12 erklären sie Nacht für Tag, Licht für näher als
vor Augen liegende Finsternis! 13 Wenn ich harre auf die
Unterwelt als mein Haus, in der Finsternis hinbreiten mufs
mein Lager, 14 die Grube nennen ‚du mein Vater‘, ‚meine
Mutter, meine Schwester‘ das Gewürm : 15 wo **ist** denn
da meine Hoffnung, meine Hoffnung wer nimmt sie da
wahr? : 16 Zu den Riegeln der Unterwelt steigt sie hinab*,
in dem Augenblick wo oben auf Erden Ruhe** eintritt.

18 1 *Es antwortete Bildad der Schuchit und sprach :*
2 Wann wollt ihr* den Worten ein Ende machen, seid
so vernünftig, und lasset uns nun reden. 3 Warum gelten
wir für dumm wie Vieh, warum für vernagelt* in deinen
Augen? 4 Selbstzerfleischer in deiner Wut, soll Deinet-
wegen entvölkert werden das Land, der Fels rücken von
seiner Stelle*? 5 Dem Bösen verlischt sein Licht allerdings*, und **seines** Feuers Flamme bleibt nicht glänzen;

---

8. 9 ist implicite überall Hiob Subjekt, der seinen Fall als den aller Frommen ansieht. 17, 9 Kern des Buches. — 11 יְמֵי wie 29, 2. * Komma vor נתקו; מוֹרָשֵׁי von ארשׁ, welches oft im Assyr. vorkommt s. Fr. Delitzsch, Prolegomena eines neuen hebr.-aramäisch. Wörterb. zum A. T. Lpzg. 1886 p. 54 = ‚verlangen‘. — 16 תֵּרֵדְנָה. * Sobald ich ausgelitten habe, giebt es kein hoffendes Bewufstsein mehr. — 2 du Hiob und die Unschuldigen deines Gleichen : 17, 5. 8. — 3 eig. verstopft (in den Ohren, schwerhörig, schwer von Begriffen); l. נִטְמֵינוּ (in arab. Diall. kommt für ô der Verba ע״ע auch ê ֵי im Perf. vor) für נִטְמוֹנוּ von טָם aramäisch = נאטמנו hebr., oder das ו ist Schreibfehler. טָמֵא pafst nicht. — 4 Willst du in deinem Frevel Unglück auf das ganze Land Uz herabziehn und ein Erdbeben Gottes veranlassen! Das geschähe, wenn du noch mehr Leute zu deinem Frevel bekehrtest 17, 10. — 5 Replik auf 17, 11.

6 in seinem Zelte wird Licht dunkel, und ihm verlischt
die eigne Kerze*. 7 In die Enge geraten seine frevelen*
Schritte, es schleudert ihn nieder sein eigner Rat: 8 denn
er treibt in's Netz* mit eigenen Füſsen und schreitet in
Maschenwerk hinein; 9 es faſst seine Ferse eine Schlinge,
ihn hält die Falle fest gepackt; 10 versteckt im Boden
liegt für ihn ein Fallstrick, für ihn ein Fangeisen auf seinem Pfade. 11 Ringsum bedräuen ihn Gefahren und jagen
von hinten ihn in die Flucht. 12 Wird einmal hungrig
seine Sünde; macht Unheil sich fertig, ihn zu lähmen*:
13 so friſst sie die Glieder seiner Haut, friſst Glied für
Glied ihm ab des Todes Erstling*; 14 gerissen aus seinem
Zelt wird Das, worauf er baut, schrittweise* wirken seinen
Untergang Schrecken, 15 besiedeln sein Zelt, indem er es
verläſst: Schwefel wird ausgestreut über seine Wohnstatt.
16 Nach unten verdorren seine Wurzeln und oben welkt
sein Gezweig. 17 Sein Andenken schwindet aus dem Lande,
er hat keinen Namen mehr weit und breit. 18 Man stöſst
ihn aus dem Licht in's Dunkle*, man stöſst ihn aus** von
aller Welt. 19 Weder Spröſsling noch Schöſsling hat er in
seinem Volke, noch Hinterbliebene in seiner Heimat.
20 Ueber sein Schicksal entsetzen sich spätste Geschlechter,
sowie die Vorfahren Schauder ergriff*: 21 ‚Dies war gewiſs eines Frevlers Wohnsitz, dies die Stätte eines Gottesleugners'.

19 1 *Es antwortete Hiob und sprach:*
2 Wie lange kränkt ihr meine Seele und martert mich

---

6 Gegen 17, 9 vgl. 12, 5. — 7 wegen עצתו nicht ‚kräftigen' vgl. אונו v. 12. — 8 das er andern stellte. — 12 Ps. 38, 18. Reminiscenz an die Fallen v. 10 etc. cf. 13, 27. — 13 die Elephantiasis. — 14 לְמֶלֶךְ vgl. die aram. Infinitive מִקְטַל; = מַהֲלַךְ vgl. הלך 14, 20. 19, 10. Vgl. Hiobs Unglück in mehreren Absätzen K. 1. — 18 Er darf sich nicht öffentlich sehen lassen. * יְנִדֻּהוּ von נדה. — 20 indem sie sprechen; vgl. Sodom und Gomorrha. يُشارُ لِقفاهُ بالإصبعِ Mufaḍḍalijât 7, 14.

mit Worten? 3 Schon zum zehnten Male beschimpft ihr
mich, schämt euch nicht, mich zu entstellen*. 4 Wirklich,
um so mehr soll ich gesündigt haben, als meine Sünde
aus mir murre*? 5 Wenn ihr wirklich mein Leid mir
vergrößsern wollt, mir es vorwerfen wollet noch als Schande*:
6 nun, so wisset (dagegen), daſs Gott mein Recht gekrümmt
hat, als er mich mit Seinem Netz* umfing. 7 Ja ich
schreie ‚Raub!‘ und finde keine Erhörung, flehe um Hilfe,
und erlange keine Rechtsprechung! 8 Meine Straſse hat er
vermauert, sodaſs ich nicht weiter gehn kann, und über
meine Steige Finsternis gelegt*. 9 Meiner Ehre hat er
mich entkleidet, entfernt von meinem Haupt die Krone;
10 mich ganz und gar zerrüttet, sodaſs ich verloren bin,
entwurzelt wie einen Baum meine Hoffnung. 11 Der Wut
giebt er sich hin wider mich und betrachtet mich seiner
Feinde einen. 12 Zu Hauf kommen Seine Truppen*, däm-
men sich auf eine Bahn zu mir, und belagern von allen
Seiten mein Zelt. 13 Meine Brüder hat er von mir entfernt, meine Bekannte sind mir gänzlich entfremdet.
14 Ausgeblieben sind meine Verwandte, meine Bekannt-
schaft hat mich vergessen. 15 Meine Hausgenossen und
Mägde behandeln mich wie fremd, unbekannt erscheine
ich in ihren Augen. 16 Rufe ich meinen Knecht, antwortet
er mir nicht, selbst wenn ich ihn anflehe mit meinem
Munde. 17 Mein Atem ist widerlich meinem Weibe,
dem Geschlecht meiner Mutter* bin ich zu stinkend.
18 Sogar meine Kinder verachten mich, verhöhnen mich,
wenn ich aufstehn will. 19 Es verabscheuen mich all meine

---

[3] תְּהַכְּרוּ aram. Haf‘êl = hebr. תְּנַכְּרוּ. — [4] תָּלִין. Frage oder Affirmation als Gedanke der Entsteller V. 3. Vgl. 6, 26. 15, 5. 26. 27. Standpunkt Elihu's. Zu אתי vgl. 26, 4. — [5] frei, NB. חרפתי Objekt auch von תגדילו. — [6] von dem Bildad 18, 8 f. gesprochen. Zwar im Netz steck ich, aber der Missethäter ist Gott, nicht ich. — [8] vgl. 3, 23. — [12] die Gegner, und der Pöbel der, unerwähnt, sie begleitet und ihnen Beifall klatscht. — [17] Die Verwandtschaft durch die Mutter ist von Natur die nächste.

vertrautesten Freunde, und die ich geliebt, sind verwandelt* gegen mich. 20 Mit meiner Haut und meinem Fleisch
klebt zusammen mein Knochen*, und getüncht bin ich
mit einer zweiten** Haut. 21 Habt Ihr, meine Freunde,
wenigstens Erbarmen, Erbarmen mit mir, da schon Gottes
Hand mich getroffen hat! 22 Warum verfolgt Ihr mich,
wie Gott und könnt nicht genug haben meines Fleisches?
23 O würden doch niedergeschrieben meine Worte in ein
Buch*, 24 verzeichnet mit eisernem Griffel auf Blei*, zum
Zeugnis** in den Felsen gehauen: 25 ‚Ich weiſs, daſs mir
ein Rächer* lebt**, der zuletzt hienieden zur Stelle sein
wird': 26 dann würde nach meiner Haut dies ihn herab-
klopfen*, und ich, selbst aus dem Fleische geschieden,
[euch] den Gott zeigen**, 27 den ich (jetzt) allein schaue,
und Meine Augen sehen und kein Andrer; (nach dem)
meine Nieren in meinem Innern schmachten*! 28 Wenn
ihr sprechet: ‚Wie stellen wir's an, ihn zu verfolgen', als
finde sich ein Grund der Sache in mir: 29 so fürchtet
euch vor dem Schwerte*; denn Zorn! lautet des Schwertes
Antwort**, damit ihr erkennt, daſs ein Richter*** ist!

---

19 NB. — 20 Alle zusammen sind eine klebrige Masse d. i. die Aussatzmaterie. * וָאֶתְמַלְּטָה בְעוֹר שִׁנָּי von מֶלֶט wie ܘܐܬܡܠܛ. Der Aussatz überzieht den Körper mit einer zweiten Haut. — 23—27 וְעָקָה, Racheschrei über das Unrecht des V. 22. Urbild Jes. 30, 8. Ein neues Gleichnis für den Sinn von 16, 18. — 23 בַּסֵּפֶר מִי יִתֵּן. — 24 ו vor עפרת streichen, und davor kraft Parallelism aus בספר das ב ergänzen. * Nach meinem Tode an Stelle meines Mundes. — 25 an euch. * im Himmel: 16, 18. — 26 נִקְּפוּ oder נִקְפוּ; diese Inschrift ihn, den Bluträcher, wie eine Olive, welche man mit der Hand nicht langen kann, von der Baumspitze d. h. dem Himmel. Die Inschrift vertritt das Blut 16, 18; durch sie statt durch Hiobs Mund beständig ermahnt, würde der Gott Hiobs Allen sichtbar erscheinen und ihn nach dem Tode vor dem Publikum rechtfertigen. נַקְּפוּ aram. ‚dies ihn verfolgen' weniger wahrscheinlich. * אֶחֱזֶה. — 27 vgl. 16, 20. — 29 des Bluträchers. * עֲנוֹת inf., oder עוונות* mit demselben Sinn? ** שַׁדִּין.

20. 1 *Es antwortete Zophar der Naemathener und
sprach :*
2 Nicht also* widerlegt man mir meine Zweifel. Zum
Dank für meine Ueberlegung**, 3 bekomme ich schimpfende
Rüge zu hören und er antwortet mir mit Leidenschaft auf
meine Vernunft. 4 Hast du davon gehört? : Von jeher*,
seit Menschen geschaffen sind auf Erden, 5 währt der
Jubel der Bösewichter nur kurz und des Gottlosen Freude
einen Augenblick. 6 Wenn auch emporsteigt zum Himmel
sein Stolz und sein Haupt an die Wolken reicht, 7 geht
wie sein Kot er auf immer verloren; wer ihn gesehn,
fragt, wo ist er? 8 Wie ein Traum verfliegt er, daſs Niemand ihn findet, wird verjagt, wie ein Nachtgesicht. 9 Kein
Auge erspähet ihn von Neuem, nicht sieht's an gewohnter*
Stätte ihn wider; 10 seine Kinder werden geschunden als
Arme, nachdem seine Hände sein Vermögen zurückgaben*:
11 Seine Errungenschaften*, die sein Mannesalter füllten,
legten sich m i t ihm** in den Staub. 12 Wenn auch süſs
ist in seinem Munde Böses, er es unter seiner Zunge birgt,
13 es aufspart, nicht fahren läſst und es zurückhält zwischen seinem Gaumen : 14 verwandelt sich seine Speise
in seinen Eingeweiden, wird Natterngift in seinem Bauche:
15 Gut hat er verschluckt, nun erbricht er's wieder, aus seinem Bauche treibt Gott es heraus. 16 Hat Natterngift er
eingesogen, so tötet ihn der Otter Zunge. 17 Nimmer ge-

---

2 לֹא כֵן 9, 35. * חֲשְׁבִי statt חושי בי oder dgl.; möglich auch חָשְׁי = شفق ‚zum Dank für mein Mitleid mit mir'? — 4 Gegen Massora; das כִּי nachgestellt, wie oft. — 9 wo es ihn am natürlichsten sucht; also überhaupt nicht. — 10 bei seinen Lebzeiten. — 11 עַצְבוֹתָם Seine Werke vgl. עזב v. 19, עֲצָבִים Prov. 5, 10; 10, 22 cf. Ps. 16, 4 (Händewerk, Götzen). Es ist hier parallel און v. 10 wie יְגִיעַ Hos. 12, 9 vgl. v. 18. Was der Mächtige mit seinem Schwerte in der besten Jünglingskraft den Schwachen abgenommen, wird ihm bei derselben Gelegenheit entrissen, bei der er fällt. Zu על עפר 22, 24. * ו in עִמּוֹ geht auf den Mann statt auf עֲלוּמָו.

nieſse er die Ströme, Flüsse von Honig und Bäche von
Sahne*! 18 Er giebt zurück das Erworbene, eh' er's verschluckt, je mehr er lauert* auf seinen Tauschgewinn,
desto weniger verzehrt** er ihn. 19 Weil er abzwackt den
Armen den sauren Erwerb*, b a u t er das Haus nicht, das
er geraubt. 20 Weil er nicht kennt Ruhe in seinem Innern,
setzt er sein Lieblingsziel nicht durch. 21 Nichts darf entgehen seiner Freſsgier, darum dauert nicht sein Segen.
22 Er brütet*, wie sein Reichtum voll werde, a l l e s Vermögen** Mühsäliger solle an ihn kommen: 23 da, um seinen Bauch zu füllen, sendet Er auf ihn Seine Zornglut
und läſst auf ihn regnen S e i n e Speise*. 24 Fliehen muſs
er vor eisernem Panzer, ihn durchbohret eherner Bogen;
25 Er zieht [das Geschoſs] aus seinem* Rücken, das blinkende
Erz kommt aus seiner Galle heraus, ihn umhüllen Todesschrecken. 26 Jedes Unheil ist vergraben seinen Vorräten,
es verzehrt sie Feuer sonder Entfachen, vertilgt wird das
Letzte* in seinem Zelte. 27 Es enthüllt der Himmel* seine
Schuld und die Erde bäumt sich wider sie**, 28 in die
Fremde geht seines Hauses Einkommen, fortgeschleppt*
an seinem Zorntag. 29 So ist das Los des bösen Menschen
durch Gott und sein versprochenes* Erbteil von ihm.

21 1 *Hiob antwortete und sprach:*

---

[17] נהרי דבש ונחלי חמאה. — [18] חיל Ri. 3, 25 = יחל, הוחִיל; vgl. v. 21. * יִלְעָם. — [19] עָזַב = עָצַב vgl. zu v. 11, רַץ und רִצֵּץ wird sonst zwar nur von der Person des Armen gebraucht. — [22] entweder יֵצֶר לוֹ oder יִצֹּר ‚s e i n Brüten ist‘. מלאות vgl. מלא 23. * יַד Hand = Hilfe, Deut. 32, 36, Macht etc., womit der Arme sich hilft. — [23] ein für die Habgier eingerichtetes Manna. — [25] נֹגַהּ. — [26] NB, z. B. Vieh, Knechte. — [27] Replik auf 19, 25 ff. vgl. 16, 18 f. * Die ‚Schuld‘ ist concret, das schuldvoll erworbene Gut 22, 23, das er in der Erde vergraben: die Erde speit es aus. V. 28 ist Epexegese zu 27. Himmel und Erde zeigen dem plündernden Feinde die verborgenen Schätze. Er hinterläſst seinen Erben nichts. — [28] Zustand, praedicativ, zu יבול; von נָגַר. — [29] in Gottes Geboten und in seinem B u n d e mit dem Menschen, vgl. Thora und Prophetie.

2 Höret nur an meine Rede, so wird sie euch Be-
ruhigungsgründe bringen. 3 Habt Geduld mit mir, solange
ich rede, nach meinen Worten magst du spotten. 4 Hab
ich meinerseits über Menschen zu klagen*, oder nicht Ursache, die Geduld zu verlieren? 5 Wendet euch zu mir
und entsetzt euch, und leget die Hand auf den Mund!
6 Wenn ich bloſs daran denke, erschreck ich und mein
Fleisch wird von Schütteln ergriffen! 7 Warum bleiben
Böse am Leben, gewinnen, je älter sie werden, desto
mehr Güter? 8 steht ihnen zur Seite ihr Same vor ihnen,
und ihre Sprossen vor ihren Augen? 9 sind ihre Häuser
sicher vor Gefahr, und bedroht sie kein Stab Gottes?
10 schwängert ihr Stier, ohne zu verschütten, wirft ihre
Kuh keine Fehlgeburt? 11 lassen sie tummeln wie Lämmer ihre Kleinen, tanzen ihre Kinder umher, 12 singen sie
zu Pauke und zu Zither, und sind fröhlich beim Klang
der Schalmei, 13 verschleiſsen* mit Vergnügen ihre Tage,
steigen sanft** in die Unterwelt hinab, 14 und sagen zu
Gott: ‚Scher dich weg von uns, deine Wege zu kennen
gelüstet uns nicht! 15 Was ist Schaddai, um (ihm zu dienen), was haben wir davon, wenn wir uns ihm nahn‘?
16 Und doch liegt nicht in ihrer Hand ihr Glück, — fern
sei von Mir so böse Gesinnung! 17 Wie oft erlischt
denn der Bösen Licht und erreicht sie gebührende Strafe,
mit Schmerzen verhängt durch seinen Zorn? 18 (Wie oft)
werden sie denn Streu getrieben vom Sturme, wie Spreu,
welche die Windsbraut entführt? 19 ‚Gott kreidet an ihren*
Kindern ihr Laster‘: Er zahle ihnen selber, daſs sie davon merken; 20 mögen ihre Augen schauen, was die eigne
Hand* verwirkt, und sie selber etwas trinken von Schaddai's Wut! 21 Denn was kümmert sie ihre Familie nach

---

4 Ist mein Fall nicht so auſserordentlich, daſs er nur direct auf Gott zurückzuleiten ist? — 13 deutet auf langes Leben, nach dem Sprachgebrauch. * וּבְרֶגַע. — 16 Replik 22, 18. — 19 bis 21 Text: Sing. — 20 כִּידוֹ d. i. כְּיַד הָרָשָׁע. vgl. כְּיַד הַמֶּלֶךְ 1 K. 10, 13 etc. ‚mit kgl. Freigebigkeit‘. — 21 Da der Bösewicht selber nicht viel Tage

ihrem Tode, da ohnehin ihrer eignen Monde Zahl so
knapp bemessen ist! 22 Will man denn Gott Weisheit vor-
schreiben, der, wie er Lust hat*, den Himmel** verwaltet:
23 Der eine stirbt in unversehrter Person, ganz friedlich*
und stille, 24 da seine Muskeln* mit Fett erfüllt waren,
mit Mark seine Knochen getränkt: 25 der Andre stirbt
mit verbitterter Seele, hatte niemals Gutes genossen;
26 beide liegen sie in der Erde und Gewürm decket sie
zu. 27 Seht, so durchschaue ich eure Gedanken, und die
Sophismen, mir zum Tort. 28 Wenn ihr behauptet: wo
giebts denn ein fürstlich Haus, wo ein Zelt, die Wohnungen von Bösewichtern gewesen wären? 29 Nun, da fragt
nur bei Reisenden an*, deren Fingerzeige werdet ihr nicht
verwerfen: 30 Wer* spart denn zum Unheilstage den Bösen auf, bringt einem Tage des Zornes ihn nahe**? 31 Wer
hält ihm seinen Wandel in's Angesicht vor*? Wer ver-
gilt ihm, wenn Er etwas that? 32 Er wird in ein Mauso-
leum* geleitet und für einen Grabhügel trägt man Sorge,

---

zu leben hat, denkt er zunächst daran, sie für sich so lustig wie möglich zu machen und ihn schert nicht das Schicksal seiner ihn überlebenden Nachkommen. Also die Strafe, die diesen droht, bedroht ihn nicht. Seine Handlungsweise berücksichtigt sie nicht. חִצֵּץ vermutlich denom. von חָצָץ glarea, calculus = calculer mit dem Rechenstein, d. h. einzeln, sorgsam, geizig Steinchen für Steinchen abzählen; ebenso arab. die √ חצי أَحْصَى zählen, von حَصًى = Sandkorn und Zahl vgl. כְּחוֹל יַמִּים. Daher die Taktschläge, Zeit zählen: קוֹל מְחַצְצִים Ri. 5, 11 der Lärm der Taktschläger (mit Pauken) Prov. 30, 27 חֹצֵץ im Takte der Militärmusik marschierend. Hier ist an יְמֵי שָׂכִיר 7, 1 gedacht und dessen genau, knapp bemessene Tage. Gott ist wie ein geiziger Brotherr. — 22 הוּא selbständig. * Ps. 78, 69. Der Himmel resp. die Himmelserscheinungen sind hervorgehoben, weil sie die irdischen Zustände hauptsächlich regeln. v. 22 Uebergang zwischen 21 zu 23. — 23 שַׁאֲנַן; das ל Schreibfehler nach ל in שליו. — 24 עֲטִינָיו Gefäfse, in denen Säfte circulieren. — 29 Lest Reisebeschreibungen von Uz (Kanaan) nach Aegypten oder Persien. — 30 מִי יַחְשֹׂךְ *wörtlich ‚indem sie einem Tage d. Z. zugeführt werden'. — 32 NB plur. magnitud. wie עברות v. 30. Die verstorbene Seele freut sich der Pflege des Grabes. Die

[33]damit* ihm angenehm seien des Thales Schollen : Nach seinem Tod zieht alle Welt (ihm nach), wie vor seinem Tod eine zahllose Menge. [34]Wie nichtig erweisen sich eure Beschwichtungen, und eure Einwände schliefslich erheuchelt!

22 [1]*Es antwortete Eliphas der Themanit und sprach :*
[2]Gotte? sollte der Mensch nützen? Bewahre, er nützt sich selbst durch Bedacht! [3]Schaddai hätte ein Interesse an deiner Gerechtigkeit? oder einen Vorteil, wenn du fromm wandelst? [4]Er wollte um Deiner Gottesfurcht willen dich bezichtigen, mit dir gehen in's Gericht? [5]Hier zeigt sich, welch grofser Sünder bist, und wie deine Verschuldungen kein Ende nehmen! [6]z. B. du pfändetest deinen Landsmann ohne Grund, zogst Entblöfsten die Kleider aus, [7]tränktest nicht mit Wasser den Matten und dem Hungernden wehrtest du Brot. (denkend :) [8]„Ja, dem Manne des Armes gehöre das Land! der Hochangesehene wohne darin'! [9]Die Wittwen liefsest du leer abziehn, der Waisen Stützen martertest du : [10]so kam's, dafs dich nun umringen die Schlingen, dich niedergeschmettert hat plötzlicher Schreck*. [11]Oder etwa, siehst du vor* der Finsternis nicht und weil dir die Sintfluth die Aussicht verdeckt : [12]dafs Gott doch der Gipfel des Himmels ist, (ermifs nur, wie hoch schon die höchsten der Sterne*), —

ägypt. Maṣṭaba's von gekröpfter Pyramidenform sind zugleich Hügel und Mausoleen. Vgl. Perrot et Chipiez, Hist. de l'art dans l'antiquité I 173 (1882). — [33] eig. Optativ, orat. directa, welchen die שקדים sprechen. — [2] Replik auf 19, 6. 7 חמס. Macht wirklich Gott, wie du zu meinen scheinst, mit dem Procefs gegen dich — mit deiner Krankheit — einen Erpressungsversuch? will er deine Gottesfurcht mit dieser Anklage erstreiten? als ob er deine Frömmigkeit zu eigner Existenz nötig habe? (z. B. als ob ihm deine Opfergaben nützten u. s. w.). — [11] NB acc. caussae = Sintfluth = Krankheit. Entweder ist nach 5, vgl. 1—4, ein böses sündhaftes trotziges Herz Motiv deiner Aeufserungen, oder, nach 11, die Schmerzen fälschen dein Urteil. Vgl. die Replik 23, 17. — [12] Deine Umnachtung hindert dich an der Höhe der Sterne den Himmel und an diesem die gröfsere Höhe Gottes zu messen.

13 und sprichst*! ‚Was weifs denn Gott, kann er hinter
Nebeldunkel richten**? 14 Wolken verhüllen ihn, da sieht
er nicht, im Himmelsgewölbe (allein) geht er umher‘*.
15 Den uralten Weg also hältst du fest, den die Männer
des Frevels beschritten haben, 16 welche hingerafft wurden unverweilet*, als in Ströme ihr Boden zerflofs, 17 die
da sprachen zu Gott: ‚Scher dich fort von uns! Was
könnte Schaddai ihnen auch thun?‘, 18 während Er doch
gefüllt hatte ihre Häuser mit Segen. (O, der Bösen Gesinnung bleibe mir* fern!) 19 Zeugen waren Gerechte mit
Jubeln und ein Unschuldiger* spottete ihrer: 20 Fürwahr,
vernichtet sind unsere Gegner, bis auf den Letzten* frafs
sie das Feuer! — 21 Suche Sein trauter Freund nur zu
werden und sei aufrichtig: hierdurch gesellt sich dir* das
Glück. 22 Nimm doch an aus Seinem Munde die Lehre,
thue Seine Gebote in dein Herz; 23 wenn du wieder dein
Begreifen auf Schaddai richten willst*, das Unrecht aus
deinem Zelte entfernst, 24 in den Staub legst das Schacht-
gold* und Ringgold aus Ophir, 25 und Schaddai geworden
ist all dein Gold, all dein Silber aus Felsenrinnen*: 26 ja
dann wirst du an Schaddai Wonne erleben, darfst heben
zu Gott dein Antlitz empor, 27 zu ihm beten: er wird dich
erhören, da* du deine Gelübde erfüllst; 28 beschliefst du
dann ein Unternehmen, so gerät es dir und auf deine
Wege leuchtet Licht. 29 Sucht man dich dann zu erniedri-

Wenn du diese Erhabenheit Gottes beachtetest, könntest du die Vorstellung nicht haben (1—4), dafs Gott deiner Frömmigkeit bedürftig sei. — 13 in dieser Verblendung. * Denn Hiob hatte 19, 25 f. Gott auf die Erde gewünscht. — 14 Er kümmert sich nur um den Himmel, nicht die Erde, vgl. 21, 7 ff. — 16 nicht ‚zur unerwarteten Zeit‘, sondern ‚im Nu‘ rasch. — 18 Vgl. 21, 16. — 19 Noah. — 20 NB. * Gottes. — 21 l. חֲבוֹ אִתָּךְ Spr. 22, 24. — 23 תְּבוּנָה vgl. 32, 12. Replik 23, 4. — 24 וְשַׁתְּ עַל עָפָר בֶּצֶר נְחָלִים וּבֶצֶר אוֹפִיר Bezold, Zeitschr. f. Assyriol. II, 48 uṭennu Brugsch, Hieroglyph. WB. 5, 367. nennus 6, 681. — תּוֹעָפוֹת nach وعف, Wasserader im Gestein, an allen Stellen. — 27 NB.

gen, so denkst du: ‚Hochmut*? Wessen Augen gesenkt
sind, dem wird er helfen!‘ [30]Dann läſst er den Unschuldigen entkommen, entronnen bist du* durch deiner Hände
Reine!

23 [1]*Es antwortete Hiob und sprach:*
[2]Noch immer, so oft* ich Klage führe, drückt Seine**
Hand mir schwere Seufzer ab. [3]O wenn ich nur wüſste,
ihn zu erreichen, gelangen könnte bis zu seinem Standort*!
[4]wollte ich ihm vortragen den Rechtsfall, meinen Mund
anfüllen mit Beweisen; [5]ich würde erfahren, welche Worte
er mir antwortete, und begreifen, was er mir zu sagen
hat. [6]Soll etwa mit Allmacht er streiten vor mir? Nein,
nur eben* achten mög' er auf mich; [7]so* erlangte der
Redliche Recht von ihm, durchsetzen wollt ich unan-
fechtbar mein Recht**. [8]Doch, schreite ich vorwärts*,
ist er nicht da, und rückwärts, so bemerk' ich ihn nicht;
[9]wenn links er sich wendet, schau ich ihn nicht, biegt er
rechtsum, erblick ich ihn nicht: [10]weil er weiſs, welcher
Wandel für mich spricht*, daſs, wenn er mich prüfte, ich
wie Gold hervorging'; [11](daſs) an Seinen Schritt sich
mein Fuſs geheftet, [12]Seinem Weg ich gefolgt bin, ohne
abzubiegen; Seiner Lippen Gebot*, ohne abzuweichen, und
Seines Mundes Worte gewahrt habe über den eignen
Sinn**. [13]Und doch bleibt er auf demselben Standpunkt, —

---

[30] גֵּוָה = גַּאֲוָה d. i. darf ich Erniedrigung mit Hochmut beantworten? (wie Hiob thut). — [31] נִמְלַטְתָּ = נִמְלַט. — [2] מְרִי. * יָדוֹ. Mit Anknüpfung an 22, 29. 30. So sagst du; aber ich habe Gott oft gebeten, er möge Waffenstillstand mit mir machen, und mir Friede lassen, meine Klage ihm vorzutragen, aber .... Vgl. 9, 34; 13, 21. Vgl. 23, 6. — [3] Vgl. תְּקוּמָה Lev. 26, 37. Replik auf 22, 12 vgl. 11, 7. 26, 9. — [6] הוּא wie aram. adverb. — [7] NB שָׁם ‚auf diese Weise‘, oder: da, wo man Gott trifft v. 3. 8. * מִשְׁפָּטִי mit לָנֶצַח wie Hab. 1, 4. נֶצַח ist Vertrauen (Klagel. 3, 18) und Vertrauenswürdigkeit (1 Sam. 15, 29); das, was Angriffen Stand hält; dann erst: dauerhaft, beständig. Also hier ‚wohlbegründet‘. — [8] wie beim Fechten. — [12] scil. שָׁמַרְתִּי. * מֵחֻקִּי ‚mehr als meinen Busen‘. מֵחֵקִי schlecht.

wer könnt ihn abbringen? — und thut, was er Lust hat,
14 und giebt mein Recht preis*: So fallen Prozesse** mit
Ihm aus! 15 Darum graut mir vor ihm und schaudert
mich vor ihm, wenn ich's überdenke. 16 Damit hat Gott
mein Herz mürbe, und Schaddai mich bestürzt gemacht:
17 vor Finsternis* vergehe ich keineswegs, noch weil mein
Gesicht umnachtet wäre.

24 1 Warum sind Schaddai's Zeiten nicht vorbehalten seinen Bekennern und schauen diese nicht seine
Tage? — 2 Gränzen verrücken sie, geraubte Heerden
weiden sie! 3 den Esel der Waisen treiben sie fort; nehmen zum Pfande den Stier* der Wittwe, 4 stoſsen die
Armen aus dem Wege; es verstecken sich alle Bedrängten
im Lande; 9* sie rauben von der Mutterbrust die Waise,
nehmen das Kind** des Bedrängten zum Pfand 10a und
lassen es nackt laufen ohne Kleid. 5 Ja, ausgelöst selbst
mit der Bettdecke, lassen sie sie ziehn*, für Lohnarbeit
Atzung suchend: Bürgschaft bleibt ihm das Brot der
Knechte**, 6 auf dem Felde ernten sie sein Viehfutter*,
herbsten das Letzte vom Weinberg des Bösen, 7 nächti-
gen nackt ohne Kleidung und haben keine Bedeckung
bei Kälte. 8 Vom Platzregen der Berge werden sie naſs,
umarmen ohne Schutzdach den Fels. 10b Hungernd laden
sie auf die Garbe; 11 stehn (durstig) zwischen ihren Kühen
in der Mittagssonne*, treten die Kelter und verdursten**.

---

14 השלים wie Jes. 38, 12 oder aram. vgl. 16, 11. 17, 5. † רִבּוֹת! — 15 Die Willkür Gottes droht ihn irre zu machen. — 17 Gegen 22, 11. Finsternis = Krankheit. — 8 vgl. 21, 10 aram. — 9 NB. * וְעַל Kamphausen. — 12 הֹלְכוּ 12, 17. — 5 f. הֵן פְּרָאִים בַּמִּדְבָּר יָצְאוּ בְּפָעֳלָם מְשַׁחֲרֵי לַטָּרֶף עֲרָבָה לוֹ לֶחֶם לַנְּעָרִים. Die gewöhnl. Lesart entstand nach 30, 7. Hier Schilderung unterdrückter und verarmter Landsleute; Kap. 30. die eines fremden aus dem Besitz des wertvollen Landes getriebenen Volks niederer Race. Ex. 22, 25. Hi. 22, 6 * Die letzte Bürgschaft, welche der Arbeiter dem Arbeitgeber für die gute Erfüllung seiner Pflicht giebt, ist seine Not um Brot, welches der Arbeitgeber austeilt. — 6 des Reichen. — 11 בֵּין שׁוֹרֹתָם יַצְהִירוּ 1) wie תּוֹרְתָא im Aram. weibl. Rind, denn שׁוֹר = Stier 21, 10 (wie aram.), 2) von צָהֳרַיִם denom. * Replik 24, 18.

12 Aus Sterbender Haut* heraus sie stöhnen, zu Tode getroffen fleht ihre Seele um Hilfe : und das sieht Gott nicht für abgeschmackt an*!

25 1 *Es antwortete Bildad der Schuchit und sprach :*
2 Hat der, bei dem Herrschaft und Schrecken beruht*,
der da Friede wirkt in seinen Höhn, 3 nicht zahllose Scharen
zur Verfügung und zehren nicht alle von seinem Licht?
4 Wie sollte also der Mensch gerecht sein vor Gott und
wie lauter des Weibes Sohn? 5 Sieh, selbst der Mond
scheint nicht (ganz) klar und Gestirne sind nicht lauter in
seinen Augen; 6 geschweige denn der Mensch, das Aas,
und der Sterbliche, der Wurm! **24** 13 Sie sinds, die
sich wider das Licht empören, nicht berücksichtigen seine
Wege und nicht bleiben auf seinen Pfaden! 14 Lichtlos*
erhebt sich der Mordgeselle, um zu töten den Niedern und
Armen und als Dieb kommt er bei Nacht. 15 Des Ehe-
brechers Auge paſst auf die Dämmerung; Er denkt, mich
darf kein Auge erblicken und legt eine Maske um das Gesicht. 16 Im Finstern bricht er in die Häuser und bei Tage
schlieſst er sich ein*. 17 Sie erkennen Licht nicht an, sondern halten alle den Morgen für Dunkelheit, weil sie nur
der Dunkelheit Schrecken unterscheiden. 18 ‚Untergang!'*
schallt es auf dem Wasser, verflucht wird ihr Besitz zu
Lande und Niemand geht mehr zu Weingärten hin. 19 Wie
Dürre und Hitze Schneewasser rauben, (saugt*) die Unter-

---

[12] מֵעוֹר vgl. 19, 20; 2, 4; 18, 13. * 24, 13—25 folgen hinter K. 25. S. Einleitung S. 27. — [2] Hifil von משל ist sonst nicht vorhanden, l. הַמּשֶׁל d. h. הָאֲשֶׁר מֹשֶׁל עִמּוֹ etc. — [5] יָהֵל = יאהיל. — [14] לֹא אוֹר. — [16] חתמו nach aram. Sprachgebrauch; hebr. ‚versiegeln'. — [18] קַל paſst nicht; vgl. קוֹל 39, 24. l. הַוָּה (א) oder קֹל הֹוָה (א) vgl. 15, 21 4, 10. Jes. 47, 11. Hes. 7, 26 etc. D. h. plötzlich finden die Bösen ihren Untergang entweder zu Wasser (durch Schiffbruch) oder zu Lande, durch einen Feind, der sie tötet und ihre Aecker verflucht, sodaſs darauf nichts mehr wächst. Vgl. 15, 28. Situation : Aecker zwischen Nilkanälen. 9, 26. Replik auf 24, 6 ff.

welt (auf), die gesündigt haben. 20 Ihn vergifst der Mut-
terleib, an ihm labt sich Gewürm, man nennt ihn nicht
mehr und gebrochen ist wie ein Baum die Missethat.
21 Wer die Unfruchtbare bedrückte, die nicht gebar, die
Wittwe niemals gut behandelte, 22 — nun, Er* läfst gewähren die Tyrannen in seiner Allmacht — der steht zwar,
jedoch seines Lebens nicht sicher. 23 Giebt er ihm auch
Sicherheit und Unterstützung, behält er im Auge dabei
ihren Wandel. 24 Stehn sie hoch da : sehr bald, da ist es
aus, und sie sind geduckt*; sie schrumpfen wie Gras ** ein
und welken wie der Aehre Haupt! 25 Das ist doch zwei-
fellos! Wer könnte mich Lügen strafen und zu nichte
machen mein Wort?

26 1 *Hiob antwortete und sprach :*

2 Wie hast du geholfen dem Kraftlosen, wie gerettet
den Arm ohne Stärke! 3 welchen Rat erteilt dem Un-
weisen, welche Fülle der Klugheit gelehrt! 4 Wer hat dir
nur solche Rede eingegeben, wessen Hauch stieg aus dir
empor? 5 Die Totengespenster taumeln vor Schrecken
unter dem Wasser mit ihren Nachbarn*. 6 Nackt liegt die
Unterwelt vor ihm und ohne Hülle der Ort der Verwesung, 7 der ausspannt den Nordpol* über der Leere, auf-
hängt die Erde über dem Nichts, 8 einbindet Wasser in
seine Wolken, ohne dafs eine unter ihm platzt, 9 verschlossen hält des Thrones Anblick, um ihn spreitend*
sein Gewölk; 10 der begrenzt* den Horizont auf der
Fläche des Wassers, bis wo Licht vor Finsternis endet.
11 Des Himmels Säulen schwanken betroffen vor Seinem

---

22 Gott. 22a Parenthese. — 24 מַךְ aram. * כְּאָבֵל? vgl. 1 Sam. 6, 18, aber in der Bedeutung von יְבַל aram. Ehedem standen sie mit erhobenem Haupte, jetzt niedergemäht, welken sie rasch. — 5 וְשְׁכֵנֵיהֶם vgl. ܫܒܒܐ, wohl Erdgeister z. B. der feuerspeienden Berge, der Gewürme etc. unter dem Wasser. — 7 zwischen Erde u. Himmel frei schwebend. — 9 פְּרַשׁ; ז ditto aus מאחז; oder פֵּרֵשׁ. — 10 חָק חַג Prov. 8, 27.

Dräu'n; [12] mit Seiner Kraft rührt er das Meer auf, mit
seinem Verstande zerschmettert er Rahab*. [13] Durch seinen Wind klärt sich* der Himmel; es durchbohrt seine
Hand die Flüchtige Schlange**. [14] Sieh, das sind die
äuſsersten Enden seines Waltens*: Welch leiser Klang
ist's, den wir erlauschen; den Donner Seiner Machtwerke,
wer nimmt d e n wahr?

27 [2]*So wahr Gott lebt, der mein Recht entzogen,
so wahr Schaddai, der meine Seele verbittert hat: [3] so
lange noch Atem in mir ist und Gottes Hauch in meiner
Nase, [4] werden nimmer meine Lippen Unrecht reden, noch
meine Zunge verlautbaren Trug: [5] ferne sei es von mir,
euch recht zu geben*; bis ich verscheide, werde ich mir
meine Unschuld nicht nehmen. [6] An meiner Gerechtigkeit
halte ich fest und lasse sie nicht: nicht schmäht mein
Herz irgend einen meiner Tage!

[Es antwortete Zophar der Naemathener und sprach:]

27 [7] Es ergehe wie einem Bösewicht meinem F e i n d e
und meinem W i d e r s a c h e r wie einem Missethäter!
[8] Denn was hat der Gottlose für Hoffnung, wenn ab-
schneidet, wenn abzieht Gott sein Leben? [9] Wird seinen
Hilfruf Gott erhören*, wenn über ihn kommt Not? [10] Oder
wird er über Gott Wonne empfinden, wenn er Gott auch
fortwährend anruft*? — [11] Laſst euch* weisen durch Gottes Hand, Gottes Gedanken will ich nicht verhehlen:

---

[12] Ein typhonisches Wasserungeheuer: Wasserhose combiniert mit Walfisch, dgl. — [13] שִׁפְרָה. * Sternbild des Drachen am Nordpol, also mitternächtig, daher Himmelverfinsterer, Lichtfeind? Vgl. Horus contra Seth. — [14] für unsere Fassungskraft. — [2] V. 1 ‚und es fuhr Hiob fort seinen Spruch anzuheben und sprach'. Interpolation des Einleiters der Elihureden. — [5] Interpunktion. — [7] d. h. nach deinen letzten Aeuſserungen bist du ein Bösewicht; Hiob, ich wünsche mir deine Strafe nicht. 1 Sam. 25, 26; 2 Sam. 13, 13; 18, 32. — [8] יִשַּׁל von נשל nämlich wie vom Trumm. — [9] Gegen 19, 7. 27, 2. — [10] wie Hiob thut. — [11] Du Hiob und deine Partei vgl. 18, 2 mit 15, 34. 17, 8: 9; 35, 4.

12 Habt doch ihr selber es alle erlebt : warum also hegt
ihr so nichtigen Wahn**? : 13 Das ist das Schicksal böser
Menschen bei Gott und das Erbteil, das Gewaltthätige von
Schaddai empfahn : 14 Werden zahlreich seine Kinder, ist's
für das Schwert, und seine Sprossen haben nicht satt zu
essen. 15 Die entrinnen* von den Seinen, begräbt die
Pest, unbeklagt von ihren Witwen**. 16 Wenn er anhäufet
Geld wie Staub und wie Lehm sich anschafft Kleidung,
17 schafft er an was der Gerechte anzieht und das Geld
wird des Schuldlosen Teil. 18 Er baut wie Spinneweb* sein
Haus, wie eine Laubhütte, die ein Wächter macht. 19 Reich
geht er schlafen, aber nicht zweimal*, öffnet seine Augen
und ist nicht mehr. 20 Es erreicht ihn wie Wasser Schreck-
nis, bei Nacht stiehlt ihn fort die Windsbraut; 21 der Ostwind rafft ihn auf und dahin, stürmt ihn von seinem Wohnsitz fort. 22 Und schleudert man* auf ihn unbarmherzig,
sodaſs er dem Schuſs** zu entfliehen sich müht : 23 so
klatschen sie über ihn in die Hände und pfeifen ihn aus
vom Zuschauerplatz*.

28 1 Allerdings* giebt es für Silber einen Fundort
und Stätten, um Gold zu seihen; 2 Eisen entnimmt man
dem Staube und gieſst* Stein zu Kupfer um, 3 setzt ein
Ende der Finsternis und ergründet auch* bis zur äuſsersten Grenze das Gestein des Dunkels und der Umnachtung; 4 bricht Schachte von jedem Nachbar* fern, für**
Vergessene, die ohne zu fuſsen schweben und menschen-

---

12 Ihr habt auch durch eure Erfahrung bestätigen können, was Gesetz und Propheten als Weltordnung Gottes überliefern : vgl. 15, 17 : 18. * jene תקוה v. 8. — 14 Gegen 21, 11. — 15 dem Schwerte und Hunger. * אַלְמְנוֹתָם. — 18 עַכָּבִישׁ Merx; 8, 14. — 19 יֹסִף Vorlage von 19. 20 ff. ist Jes. 17, 14. — 22 Der Feind, der vorher 20. 21 durch das Bild umschrieben war. * Text : ‚vor seiner Hand'. † NB. Inf. absol. — 23 ‚jeder von seinem Platze' vgl. 34, 26. — 1 = כִּי vgl. 30, 23 ‚ja', concessiv. Gegensatz : v. 12. — 2 יָצוּק. — 3 הוּא vgl. Aram. — 4 גֵּר. * הנשכחים Genet. von נחל abhängig im parallelen Gliede; vgl. v. 6 b : 6 a; הערקים 30, 3. בן שאול 2 Sam. 4, 2.

verlassen schaukeln. 5 Die Erde, aus der hervorsprofst das
Brot und deren Inneres sich umkehrt wie Feuer* : 6 ein
Fundort des Sapphirs werden ihre Steine, und goldhaltiger
Schollen für ihn : 7 ein Pfad, den nimmer kennt der
Adler, nicht erspäht des Weihen Auge, 8 nicht erreicht
das Geschlecht der Raubtiere, noch zu welchem schreitet
der Leu. 9 An den Quarz* legt man seine Hand, stürzt
an der Wurzel Berge um, 10 spaltet durch die Felsen
Läufe und jeden Edelstein schaut das Auge; 11 verstopft
der Ströme Quellen* und fördert das Verhüllte an's Licht:
— 12 Die Weisheit aber, woher findet man die? und welches ist der Sitz der Vernunft? 13 Kein Mensch kennt
den Weg* zu ihr, sie wird nimmer erlangt in Lebendiger
Land. 14 Der Ocean sagt, in mir ist sie nicht, das Meer
spricht, nicht ist sie bei mir. 15 Man giebt nicht Gold, um
sie zu erlangen, man wägt nicht Silber als ihren Preis.
16 Nicht ist sie feil* für Rotgold** aus Ophir, um edlen
Schoham und Sapphir. 17 Nicht gleicht ihr an Wert Gold
oder Glas, noch ist ihr Tauschmittel gülden Gerät, 18 Per-
len und Krystall nicht zu erwähnen; ein Zug Weisheit
geht über Korallen. 19 Nicht kommt ihr an Wert gleich
Topas aus Aethiopien, um reinstes Rotgold ist sie nicht
feil : 20 Die Weisheit also woher kommt denn sie*, welches ist der Sitz der Vernunft? 21 Verhüllt ist sie vor
aller Lebendigen Augen und vor den Vögeln des Himmels
versteckt. 22 Verwesung und Tod sprechen : wir vernahmen
von ihr nur ein schwaches Gerücht. 23 Gott versteht den

---

5 feuerspeiende Berge, brennende Naphtaquellen u. s. w. * NB. gen. — 9 Granit, Feuerstein? — 11 מִבְּכִי = מִבְכֵי, מ = נ wegen בְּ, 38, 16; oder : מַבְּכֵי von נבך. — 13 דַּרְכָּהּ. — 15 סָגוּר ‚gediegen Gold' eig. ‚geschlossenes', aus welchem durch Feuer kein Schlackenbestandteil weiter erschlossen werden kann? Denom. מְסַגֵּר Goldschmied. — 16 ‚ward sie gering geachtet für, um den Preis von'. Ebenso Klagel. 4, 2 etc. سلا سلا mit Verachtung wegwerfen, das Geld nur so hinwerfen. * Dunkelgold. — 20 Gegen Hiob 23, 8 etc. vgl. Einleitung S. 26 ff.

Weg zu ihr, Er allein kennt ihre Stätte; 24 denn er blickt
zu den Enden der Erde, er sieht alles, was der Himmel
umschließt. 25 Wenn er schafft dem Winde Gewicht und
des Wassers Maß bestimmt; 26 wenn er dem Regen ein
Gebiet festsetzt und eine Bahn der Donnerwolke*: 27 dann
sieht er sie und mustert er sie, schafft sie herbei* und
zwar vollkommen. 28 Zum Menschen aber sprach er:
Gottesfurcht ist Weisheit und Böses meiden Vernunft.

29 1 *[Es antwortete Hiob und sprach:*]*
2 O wäre ich wie in alten Monden, wie zur Zeit, da
Gott mich behütete; 3 als er leuchten ließ sein Licht über
meinem Haupte, ich bei seinem Glanze durch Finsternis
schritt, 4 wie ich gewesen war zur Zeit meines Herbstes*,
als Gott verkehrte in meinem Zelte; 5 als Schaddai noch
bei mir war, mich rings umgab meine Jugend*, 6 als sich
meine Füße badeten in Rahmen und der Fels vor mir
Fettbäche ergoß. 7 Wenn ich zum Thore hinausging vor
die Stadt, auf dem Markt aufstellte meinen Sessel, 8 ver-
steckten sich die Jungen, sobald sie mich sahn, Greise
standen auf und blieben stehn; 9 Fürsten hielten die Worte
zurück und legten die Hand auf ihren Mund; 10 die Rede
der Edeln verstummte*, ihnen blieb die Zunge am Gaumen kleben. 11 Denn hörte mich ein Ohr, schenkte es mir
Beifall*, sah mich ein Auge, so stimmte es mir zu. 12 So
brachte ich durch den Unterdrückten, der flehte, und
Waisen, denen Niemand beistand. 13 Der Segen Verlorner
kam über mich, das Herz der Witwe machte ich jubeln.

---

26 mit Wetterleuchten حَزِيز ܫܘܢܢܐ [schorfige, flechtenreiche Wolke]. Stelle abhängig von Zach. 10, 1! Hiob 38, 25. — 27 Gott wendet bei jedem Schöpfungsact die Weisheit vollkommen an, sodaß sein Werk keinen Mangel zeigt. — 1 Zur jetzigen Ueberschrift des Fälschers vgl. 27, 1; und 36, 1 (wo sie ursprünglich). S. Einleitung S. 29. — 4 Herbst als Zeit der Fruchtbarkeit ist Jugend gegenüber dem welken Alter. Vgl. גלמוד 30, 3. — 5 נְעֻרַי 33, 25 vgl. 13, 26. — 10 יֶחֱרָשׁוּ, Fehler aus 8. 11 durch אשרי האיש אשר וג׳.

[14]Gerechtigkeit legte ich an und mich kleidete* wie Rock
und Turban mein Richterspruch**. [15]Auge war ich dem
Blinden, Fuſs dem Lahmen, [16]Vater den Armen, mir Un-
bekannter Rechtssache führte ich durch, [17]gern zerbrach
ich die Hauer des Ungerechten, schleuderte aus seinen
Zähnen den Raub, [18]und dachte, ich würde angesichts
meines Nestes* verscheiden und Jahre soviel wie Sand**
erleben. [19]Meine Wurzel hatte freie Bahn zum Wasser
und Thau ruhte auf meinem Gezweig. [20]Meine Streitkolbe* blieb neu bei mir, mein Bogen verjüngte sich
mir in der Hand. [21]Auf mich horchte und harrte man,
schwieg, nachdem ich Rat erteilt, [22]und redete nach meiner Rede nichts wieder. Ueber sie träufelte mein Wort,
[23]sie harrten auf mich wie auf Regen und sperrten den
Mund nach Spätregen auf. [24]Verlachte ich sie, trauten
sie sich nichts zu und konnten mein heitres Gesicht nicht
herabstimmen; [25]gefiel mir zu ihnen zu gehn, so saſs ich
an der Spitze und verweilte wie ein König im Heer, wie
einer, der Trauernden Trost spendet.

30 [1]Und nun! verlachen mich Leute, die mir zu
gering waren, Gesindel*, dessen Vorfahren ich zu sehr
verachtete, um es den Hunden meiner Schafe beizuge-
sellen. [2]Was sollte mir auch ihrer Hände Kraft, die ihnen
vor Alterschwäche* verloren gegangen, [3]durch Entbeh-
rung und Hunger steif* geworden war? derer, die da
die Wüste abnagen, die Mutter** aller Heruntergekom-
menen und Zerschmetterten; [4]welche Salzpflanzen nebst

---

[14](ohne Komma.) * Meine Thaten entsprachen meiner Amtstracht. — [18]angesichts meiner Nachkommen. * am Meer. Mit dem Phönix ist es nichts. — [20]כִּידוֹנִי 39, 23. Dies die wahrscheinliche Bedeutung in Sam., ein Stock mit ehernem Knopf. Text: ‚meine Würde.‘ — [1]l. לְיָמִים = לְאֻמִּים, denn ‚jüngere an Jahren‘ ist unzutreffend: er zielt auf die gemeine Abstammung dieser outlaws. Die Horiter gegenüber den Uzitern, Kananiter gegenüber Israel, vgl. 8. — [2]כֶּלַח acc. caussae; كلح ‚einrunzeln‘; Dozy, Suppl. — [3]unfruchtbar, leistungsunfähig. * אֵם שׁוֹאָה Partic. von שׁאה.

Artemisien ausreiſsen und denen Ginsterwurzeln zur Er-
wärmung dienen*; [5] die man aus der Gemeinde* verjagt**, über die man : Diebe! Diebe! schreit, [6] die in den
grausigsten Stellen der Thäler Erd- und Felsenlöcher bewohnen; [7] die zwischen Dornbüschen brähen*, unter
Distelgestrüpp einander gesellen* : [8] ein frevelhaftes,
ruhmloses Geschlecht, das aus dem Lande geschlagen
worden : [9] und nun bin ich Gegenstand ihres Saitenspieles
geworden und diene ihnen zur Unterhaltung. [10] Sie finden
mich greulich und treten weit ab von mir, und halten
nicht zurück, vor mir auszuspei'n. [11] Weil Er* sein Half-
ter aufgebunden hat und mich quälet, so lassen auch sie
ihre Zügel vor mir schieſsen! [12] Zur Rechten* treten sie**
schwärmend † auf, jeder sputet seine †† Füſse, sie bahnen
wider mich ihre verderblichen Pfade, [13] reiſsen ein meinen
Steg; mit meinem Sturze machen sie Fortschritte, und
Niemand wehrt* ihnen; [14] je breiter die Bresche, desto
mehr kommen, unter dem Krach wälzen sie sich heran.
[15] Verwandelt hat sich's* mir in Schrecken, der mein An-
sehn verjagte wie ein Wind, daſs wie Wolken mein Heil
verschwand. [16] Und jetzt überfluthet mich mein Seelenschmerz, haben mich gepackt meine Leidenstage*. [17] Bei
Nacht zerbohrt es mir mein Gebein und meine Nager*
schlafen nicht. [18] Durch soviel Gewalt entstellt sich mein
Kleid, meinem Rockkragen wird meine Gurtweite gleich.
[19] Er warf mich in den Kot und ich bin von Staub und
Asche nicht zu unterscheiden. [20] Flehe ich zu dir und er-
halte keine Antwort, stehe ich harrend, du möchtest* mich

---

[4] לַחְמָם Jes. 47, 14. — [5] גֵּו aram. = גּוֹי. * Vgl. Lane خليع Jâḳût 2, 289, 10. — [7] wenn sie lustig sind, wie Wildesel. * יְסֻפָּחוּ. — [11] יתרו sprichwörtlich für : ‚da Er sich gehn läſst‘. Quod licet Ioui etc. خليع العنان Lane. Der Gedanke schon 6, 3. 4. — [12] anklagend; * die Schmerzen. † von פרח ‚fliegen‘ †† רַגְלָיו. — [13] עזר = עצר. — [15] die Gesundheit. — [16] mein Leid preſst mir rücksichtslose offene Klage aus. — [17] wie Holzwürmer. — [20] וַתִּתְבֹּנֵן vgl. 9, 16, wo אם קראתי וַיַּעֲנֵנִי zu lesen war; 23, 5 f.

bemerken; [21] verwandelst du dich in einen Wütrich gegen mich, und stellst mir nach mit wuchtigster Hand,
[22] hebst mich fort auf Sturmesrossen und läſst mich zer-
rinnen vor Donnergekrach*. [23] Zwar weiſs ich wohl, du
führst mich in den Tod zurück, in aller* Lebendigen
Stelldichein, : [24] nur an einer Ruine vergreif dich nicht,
wenn sie verderbend darum fleht*! [25] Habe Ich doch ge-
weint um Hartbedrängte, mich gehärmt aus Mitleid mit
Armen*, [26] sodaſs ich Gutes erwartete, und Böses kam;
Licht mir versprach, und Dunkelheit kam! [27] Mein Einge-
weide brennet ruhelos! des Leidtragens Tage überholen
mich*: [28] in Trauerfarbe wandr' ich umher, schwarzer
Kleidung* bar, trete öffentlich flehend auf, [29] bin der
Schakale Bruder geworden, und Genosse (klagender)
Strauſse; [30] meine Haut wird überall an mir schwarz, und
mein Gebein vor Dörrung glühend : [31] über einen Toten
klagt meine Zither und meine Flöte erklingt zum Leichen-
gesang.

31 [1] Einen Bund hatte ich geschlossen mit meinen
Augen, bei Leibe keiner Jungfrau nachzuschaun. [2] Was
würde mir von Gott droben zu Teil, welches Erbe von
Schaddai in der Höhe? [3] Wahrlich, Verderben drohe dem
Sünder und Verdamnis den Uebelthätern; [4] sehe Er ja
doch meine Wege und zähle all meine Tritte. [5] Wenn
ich mit Falschheit umginge und auf Betrug loseilte mein
Fuſs, [6] würde Er mich wägen in gerechter Wage und
Gott wissen, wie redlich ich wäre. [7] Wenn mein Schritt

---

[22] תְּשֻׁוָּה = תְּשֻׁאָה Ewald. — [23] NB. Ich dürfe keine Ausnahme vom gewöhnlichen Menschenschicksal machen wollen : vgl. 4, 19. 7, 15 ff. — [24] שַׁוְּעַ leichter als שׁוּעַ = Flehn im Nominalsatz. — [25] Warum ist Gott nicht so mitleidig mit mir Bettler, wie ich mit den Armen war? — [27] Leitet 28 ff. ein. Bei Lebzeiten trage ich Leid um mich, als wäre ich gestorben. — [28] בְּלֹא חֵמָּה d. i. חוּכָּה vgl. Jes. 50, 3, Apocal. 6, 12. (wo שַׂק atra vestis). Nach Joseph. vit. 48 ging auch der supplex schwarz.

vom Wege abböge und mein Herz meinen Augen folgte,
an meinen Händen das Geringste* kleben blieb : [8]würde
meine Aussaat ein Andrer verzehren und meine Sprossen
würden entwurzelt. [9]Wenn bethöret mein Herz einem
Weibe nachhinge und ich an meines Nächsten Thüre lau-
erte, [10]würde eines Andern Mühle* mein Weib werden,
über ihr würden Andre knieen; [11]ja, das wäre Gemein-
heit und strafwürdige Schuld, [12]oder vielmehr ein Feuer,
das bis in die Hölle zehrte und all mein Vermögen ent-
wurzeln würde! [13]Wenn ich mißsachtete das Recht meines
Knechts und meiner Magd, sobald sie mit mir stritten,
[14]was würde ich ausrichten, wenn Gott aufstünde, wenn
Er nachsähe, wie ihn zurückweisen? [15]Hat doch auch
Jene mein Schöpfer im Mutterleibe geschaffen und in
den Schoß Derselbe gelegt*. [16]Wenn ich Niedrigen einen
Wunsch versagte, einer Witwe Augen verschmachten ließ,
[17]meinen Brocken alleine aß und die Waise nicht mit
daran zehrte, [18]wenn sie mir nicht vielmehr von Jugend
an als einem Vater aufwuchs*, und von ihrer Mutter
Schoße an ich sie** nicht leitete; [19]wenn ich einen Bettler* ohne Kleid gesehn hätte, und einen Armen sonder
Gewand, [20]ohne daß mich seine Lenden segneten, sich
mit dem Vließ meiner Lämmer wärmend; [21]wenn ich
über Waisen meine Hand schwingen würde, weil ich vor
Gericht mir Beistand wüßte, : [22]würde meine Schulter
aus ihrem Blatte fallen und mein Arm aus seiner Röhre
brechen*. [23]Denn furchtbar bliebe mir Gottes Verderben,
vor seiner Majestät vermöchte ich nichts. [24]Würde ich
Gold machen zu meiner Hoffnung*, zum Rotgold sprechen:

---

[7] = מאומה. Das End-â fiel ab, wie in מנרעם. Unrecht Gut, Bestechung. — [10] Denom.; תִּטְחַן? — [15] יְכֻנְנֶנּוּ. — [18] מִנְּעֻרַיו, אִמּוֹ* oder f. — [19] אֹבֵד Herumtreiber, Verlorner. — [22] ‚dachte ich stets'. Kein Schwur! — [24] Geht auf die goldnen und silbernen Idole der Prophetie; daher der Nachsatz dazu 28. Auch Jes. 2, 7—8. 20 leitet die Idolatrie aus dem Metallreichthum ab wie hier der folgende Vers. Uz ist eine sehr durchsichtige Maske.

meine Zuflucht!, 25 frohlocken darüber, dafs grofs mein
Vermögen, dafs gewaltig viel errungen meine Hand*;
26 würde beim Anblick des glänzenden Taglichts und des
prächtig wallenden Mond's* 27 insgeheim mein Herz bethöret und meine Hand zum Munde geführt: 28 so wäre
auch dies* eine strafwürdige Schuld, denn ich würde Gott
im Himmel verleugnen! 29 Wenn ich frohlocken würde
über den Untergang meines Hassers, mich aufregte, weil
ihn Unglück betroffen, 30 und erlaubte, gegen **ihn*** zu
sündigen meinem Gaumen, seine Seele mit einem Fluch
verwünschend; 31 wenn nicht aussagen würden die **Gäste**
seines Zelts: ‚Man zeige uns einen, der bei ihm nicht
Fleisch genug bekommen, 32 oder einen Fremden, der auf
der Strafse genächtigt hätte, weil er den Wandrern seine
Thüre nicht öffnete'*; 33 wenn ich meine Fehltritte für
Menschen undurchschaubar verhüllte*, in meinem Busen
meine Schuld versteckend, 34 weil ich die grofse Menge
scheute, mir vor dem Schimpfe der Edelen* bangte, stille
schwiege und nicht (damit) hervorträte: 38 würde doch*
über mich Rache schreien mein Acker und seine Furchen
allzumal weinen; 39 wenn seine Kraft ich genösse ohne Geld
und seinen Besitzern das Leben ausgeblasen hätte: 40 wür-

---

26 Dieser Vers vertritt den Götzendienst im Allgemeinen, des ‚ganzen Himmelsheeres' der Thora u. s. w. — 28 die Idolatrie V. 24 und der Götzendienst. — 30 וְלֹו. NB חֲטָא לְ. — 32 Das לא vor ילין gehört vor דלתי oder אפתח unter der Rection von מי יתן. Der Wechsel der Person in der Uebersetzung unnachahmbar: 2 S. 3, 18. — 33 So; denn כאדם ist בחבי parallel; **soweit wie** man etwas vor Menschen verhüllen kann. — 34 der edelen Geschlechter, als Richter der Familienehre. — 38 גם statt אם. Das Verderbnis rührt vom Versetzer der Verse her, vgl. Einleitung S. 26. Dieser Vers giebt ein Beispiel der verheimlichten Sünde (Ackerraub durch Mord der Besitzer): nur der Acker wäre Zeuge davon und schriee um Rache: bekundete durch Mifsernten, dafs eine Schuld des neuen Besitzers vorläge und denuncierte ihn dadurch. Die Leugnung einer **geheimen** Schuld schliefst die Sündenreihe am passendsten, weil gerade eine solche es ist, die die Gegner als die Ursache seines Leidens bezeichnet hatten.

6*

den statt Weizen Dornen aufgehn, und statt der Gerste
Unkraut! 35 O wäre doch mein Verhörer * zur Stelle, —
hier ist mein letzter Buchstab, — möge Schaddai mir antworten,
— und da die Schrift, die mein Gegner ** schrieb †:
36 wahrlich auf meine Schulter wollt ich ihn * heben, umwinden
ihn mir als Diadem **,
37 ihm einzeln meine Schritte herzählen und ihm wie einem Fürsten nahn *.

38 1 *Da antwortete Jahwe dem Hiob aus dem Sturm * hervor und sprach :*

2 Wer erteilt hier dunklen Rat mit einsichtslosen Worten *?
3 Schürze mal wie ein Kriegsheld * deine Lenden, ich
will dich fragen, nun belehre mich!
4 Wo warst du, als ich gründete die Erde, künde es, wenn du es so genau
weifst.
5 Wer hat ihre Ausdehnungen dir fafsbar bestimmt?
oder wer über sie die Mefsschnur gespannt?
6 Auf was wurden gesenkt ihre Grundschwellen oder wer hat ihren
Eckstein * gelegt **,
7 als da jauchzten zumal die Morgensterne und Freudeschrei ausstiefs das ganze Göttergeschlecht;
8 er einschlofs in Schleusenpforten das Meer, als
es hervor aus dem Schofse quoll;
9 als ich machte Gewölk
zu seinem Kleid und Nebel zu seinen Windeln;
10 ihm
mein Gebot als Wehr * gab, Riegel und Pforten schuf,
11 und sprach : Bis hier darfst du kommen, nicht drüber

---

35 = Auditor, gerichtlich. * die drei Freunde. † wiederhole : ‚möge Gott sie beantworten‘. — 36 den שֹׁמֵעַ. Vgl. die ägyptische Procefsführung. mā χeru* ‚Sieger im Procefs‘. Brugsch, Hierogl. Wb. 6, 534. * Vgl. 19, 9 und Einleitung S. 33. — 37 Es folgt, unecht : ‚Zu Ende sind die Worte Hiobs‘. 32—37 Elihureden, unecht. Siehe S. 94. — 38 1 Jahwe in סערה nur Hes. 1, 4 vgl. Sach. 9, 14 als zorniger, richtender Gott: 42, 7, zornig über Hiobs Gegner. — 2 Das Besserwissenwollen Hiobs wird hierdurch kurz zurückgewiesen. Ebenso 42, 2 מַעְלִים ‚wer giebt hier einen verhüllten d. h. nicht erkennbaren, undeutlichen, unklaren Rat etc.‘ — 3 Ironie = גִּבּוֹר. — 6 פִּנָּה die Thurmecken der Mauern, die festere Quadern und Fundamente fordern. * am חֲנֻכָּה-Fest der Schöpfung. — 10 אֶשְׂכֹּר für אֶסְכֹּר, mittelst eines Wehres, eines Stauwerks abschliefsen vgl. سكر zustopfen, cf. Gen. 8, 2.

hinaus, und hier sei Halt* gegen den Uebermut deiner
Wogen! 12 War's zu deiner Zeit, daſs ich* entbot den Morgen,
der Morgenröte Fundort dir damals bekannt**, 13 damit
sie ergreife die Säume der Erde* 14 und diese sich wandle
wie Siegelthon (rot*). 16 Kamst du bis zu den Sprudeln
des Meeres, auf dem Grunde des Oceans wandelnd? 17 Entdecktest du* die Thore des Todes, die Thore zur Dunkelheit schautest du sie? 18 Drang dein Verstand zu den
weitsten Punkten der Erde*, künde, wenn du sie ganz
auskennst. 19 Welches war die Bahn, die bewohnte* das
Licht, und welches war der Finsternis Stätte, 20 daſs du sie**
holtest in ihr Gebiet, daſs du sie brachtest† die Wege
nach Haus? 21 Weist du es, wie wenn du damals geboren
wärst und dein Leben so viele Jahre zählte? 22 Kamst
du zu den Speichern des Schnees, bekamst du die Speicher
des Hagels zu sehn*? 24 Auf welchen Bahnen hatte sich
der Nebel* zu teilen, sobald ihn der Ost über die Erde

---

11 NB. — 12 צִוִּיתָ vgl. 4. Gegen das Wissen um die Ursprünge der Schöpfung, nicht gegen das Schaffen. Auch 20 nicht dagegen. * יִדַּעְתָּה vgl. 21. Damit die Morgenröthe zum ersten Mal die Erdränder roth färben könnte, muſste sie geholt werden. Wo war sie vorher? Vgl. v. 19. — 13 Interpoliert: ‚und die Bösen von ihr abgeschüttelt würden'. 1) Es gab damals noch keine, vgl. 26. Alle periodischen Erscheinungen der Schöpfung werden bis V. 30 in ihrem Début bei der Schöpfung vorgestellt. V. 23 ebenfalls interpoliert. 2) Von einem Lande, aber nicht von der ganzen Erde konnten sie abgeschüttelt werden. 3) Es heiſst weiter: 15 ‚daſs sie dastehn wie beschämt (לְבוּשׁ) und den Bösewichtern „ihr Licht" verwehrt wird.' ‚Ihr Licht' d. i. die Finsterniſs, Citat aus 24, 17. — 17 wie Gott im Nichts, als er schaffen, d. i. sie in die jetzige Ordnung bringen wollte; es wird eine Art Präexistenz der einzelnen Dinge im Nichts hypothetisch vorgestellt. — 18 17 verticale, 18 horizontale Ausdehnung. Die Erde eine unendlich groſse Scheibe. — 19 vgl. נתיב 28, 7; auf die Bahnen kommt es nachher an. * Sowohl Licht wie Finsternis, abwechselnd; Vorbild der Sonnenlauf. † תָּבִין; = תְּבִיאֶנּוּ vgl. מבוא השמש. — 22 v. 23 ‚die ich aufhebe für die Zeit der Bedrängung, für den Tag des Kriegs und Kampfes' gegen die Bösewichter V. 12. Im Sinne Elihus 36, 31. 32; 37, 13. — 24 אור Gen. 2, 6. Auch der Regennebel hat wie das Meer (v. 10) seine gewiesenen Bahnen, ist kein Chaos. Daraus 36, 27.

versprengte? 25 Wer schickte die Flut durch getrennte Kanäle, auf gesonderten Wegen die Donnerwolke, 26 um Regen zu senden auf die menschenleere Erde, die Trift, auf der (noch) kein Mensch war*, 27 * um sprossen zu lassen das erste Gras? 28 Hat der Regen einen Vater, oder wer erzeugte die Rückstände* des Thau's? 29 Aus wessen Schofse entsprang das Eis und wer gebar den Reif vom Himmel?, 30 da steinhart das Wasser gerann*, und fest des Oceans Fläche ward. — 31 Bandest du ein die Laben des Sirius*, oder bandest du die Regenspenden** des Orion auf? 32 Liefst du die ‚Worflerinnen‘ (Hyaden) zu rechter Zeit aufgehn und die Plejaden pünktlich untergehn? 33 Kennst du die Gesetze des Himmels, oder setzt du fest sein Regiment* auf der Erde? 34 Rufst du laut die Wolke an, sodafs Wassersflut dich bedecket*? 35 Schickst du Blitze aus zum Fortgehn und sprechen sie zu dir: wir

---

25 ergänze וּפִלַּג דֶּרֶךְ; im Gegensatz zur Sintflut, wo es überall gleichzeitig auf die Erde regnete. — 26 Gen. 2, 5! — 27 ‚um satt zu machen ruinierte (Jes. 6, 11) Existenzen‘, interpoliert nach 30, 3; aber die gabs damals nicht. Der Interpolator (38, 13 ff.) denkt überall an die späteren Zeiten. — 28 אגלי ‚die Ansammlungen‘. ‚Behälter‘ pafst zu הוליד nicht; der Thau ist ohne sichtbares Fallen da. Vgl. إِجْل Heerde Wildkühe oder Menschen (Bistânî); im Arabischen zeitlich aufhalten, zusammen bleiben nach dem Regen. Dozy, Suppl. أَجَلْ ‚ja‘, d. h. es bleibt bei deiner Voraussetzung. لِأَجْلِكَ weil du meine Handlung hin- und aufhältst. እገሌ፡ NN, dessen Nennung ich vorbehalte. እጓል፡ die Nachbleibenden (Jungen). — 30 חבא hier dial. Form für חמא, wovon חֶמְאָה ‚geronnene Milch‘ (Sahne etc.) vgl. ܫܘܬܐ mit *w* für *b* statt *m*. Das ח hat vielleicht die Entnasalierung veranlafst. — 31 NB. * = מַסְּכוֹת. Die Sterngeister tragen das Wasser der Jahreszeit gleichsam in Wolkenschläuchen mit sich, vgl. v. 37. — 32 Ganz hypothetisch: Stade's Zeitschr. 3, 279. 107. — * אל בן; עַיִשׁ עַל בָּנֶיהָ תַנְחֵם Hes. 19, 11 ‚mitten in der betr. Zeit.‘ — 33 als Zeitbestimmer der Jahreszeit durch die Sternaufgänge. — 34 Gott schilt also im Donner die Wolke, die nicht regnen will. Die Flut hier Wohlthat; anders 22, 11.

stehn zu Diensten? 36 Wer legte in den Merkur* Weisheit oder wer verlieh dem Sûchî** die Klugheit? 37 Wer
verwaltet den Wolkenhimmel mit Weisheit und wer kehrt
die Krüge des Himmels um, 38 wenn den Staub man gießt
zum Gußwerk und die Schollen zusammenbacken?

39 Erjagst du für die Löwin Speise, befriedigst du den
Lebensbedarf der Leuen, 40 wenn sie sich kauern in den
Schlupfwinkeln, im Dickicht bleiben auf der Lauer. 41 Wer
beschafft dem Raben seine Atzung, wenn seine Jungen
Gott anflehn, wegen Mangel an Nahrung taumelnd?
39 1 Kennst du die Geburtszeit der Steinböcke des
Felsens, das Kreißen der Hinden berechnest du es? 2 Zählst
du die Monate ab, die sie brauchen*, 3 um niederzuknieen,
ihre Jungen abzusetzen, ihre Wehen* zu entlassen: 4 es
erstarken ihre Jungen, wachsen im Freien, ziehen fort und
kehren nimmer wieder. 5 Wer hat den Wildesel frei laufen
lassen und wer des Steppenesels Fesseln gelöst, 6 zu
dessen Haus ich die Wüste bestimmte, und die Salzsteppe
zu seinen Wohnungen; 7 er verlacht das Getümmel der
Stadt, und hat keines Treibers Toben zu hören; 8 durch-
streift* die Berge nach seiner Weide und spüret allem
Grünkraut nach. 9 Möchte die Antilope dir wohl dienen,
oder nächtigt sie an deiner Krippe? 10 Könnte die Antilope ein Strang* für sie an die Furche fesseln, oder sie
ackern** die Thäler hinter dir? 11 Würdest du ihr trau'n,

---

36 טְחוֹת = ägypt. ḍḥuti, *Θωυτος*, Gott Hermes, phönikisiert = סַכּוּן, *Σαγχουν*, als Planet Merkur. Dḥot ist der Ordner des Himmels. Aegypt. ḍ gewöhnlich צ, Steindorff, in Delitzsch-Haupt Beiträge z. Assyriologie 1889, I 353, 16; aber auch ט ebd. 605, ev. aram. * ?*σοῦχος*, kopt. *πι σουχι* = Planet Merkur, der Krokodilsgott ‚Sobk' altägypt.; oder corrigiere שכון = סַכּוּן phönikischer Name des Mercur. Darauf deutet יספּר v. 37; denn Thoth-Merkur ist der סַפָּר des Himmels, der die Vorräte verteilt und haushält. — 2 Gen. 25, 24. * ‚und kennst du ihre Geburtszeit' aus V. 1 ungetilgt wiederholt und entstellt. — 3 d. h. die Jungen. — 8 יָתוּר; מרעהו Appos. acc. — 10 עבת f. Subject.: wie das zahme Rind sein Strang. שָׂדַד denom. von שָׂדֶה.

weil sie so stark ist, ihr überlassen deine Arbeit? 12 Wärst
du ihrer sicher, dein Korn einzubringen, und in* deine
Tenne zu sammeln? 13 Ist der Flügel der Straufsen zu
träge, oder fehlt ihm Fittich und Feder, 14 dafs er der Erde
überläfst seine Eier*, auf dem Boden brütet, 15 und vergifst, dafs ein Fufs sie zerquetschen, wilde Tiere zertreten
können; 16 so stumpf* gegen seine Brut, dafs er sie verliert; dafs vergebens seine Errungenschaft ist, das kümmert ihn nicht. 17 Nein*! Gott liefs ihn der Weisheit vergessen und teilte ihm keine Klugheit zu: 18 Sobald er den
Wetteifer der Eifrer entfacht, kann er Rofs und Reiter
verlachen. 19 Kannst du dem Rosse den Mut verleih'n,
seinen Hals bekleiden mit (ungeduldigem) Beben; 20 läfst
du's galoppieren wie das Heupferd? Sein majestätisches
Schnauben kündet Schrecken, 21 wenn es* umherspäht im
Thale; und froh seiner Kraft zieht es aus, den Gerüsteten
entgegen; 22 es verlacht die Gefahr und zagt nicht,
und macht vor dem Schwerte nicht kehrt; 23 wenn
gegen es schwirrt der Köcher, wenn die Lanzen und
Streitkolben* flammen. 24 Mit Toben und Beben schlürft
es das Blachfeld und läfst sich nicht halten*, wenn die
Tuba erschallt. 25 Bei jedem Trompetenstofs sagt es:
Hurrah!, wenn es wittert aus der Ferne Kampf, Donnerruf
der Führer und Hurrahgeschrei. 26 Stammt aus deiner

---

[12] möglich, dafs גרן für das zu dreschende Getreide steht, wie 2 S. 6, 6. — [13] כְּנַף יְעָנִים נֶעֱסָלָה [= נֶעֱצָלָה Richt. 18, 9] אִם אֶבְרָה חֲסִירָה [oder חֲסֵרָה] וְנֹצָה. — אברה Flügelknochen (Arm). — [14] Gegensatz zu v. 27 b. — [16] הִקְשִׁיחַ nämlich לִבָּהּ; Jes. 63, 17. — [17] כִּי Gegensatz zur Frage v. 13. Dem Flügel fehlt nichts zum Gebrauche, aber der Straufs braucht ihn aus Dummheit nicht. Wenn er wollte, könnte er fliegen. — [18] תַּמְרִיא בַּמָּרוֹם = תַּמְרֶה von הִמְרָה, Causativ von صَنَف مارى; מוֹרֶה, wer in derselben Sache entgegenstrebt, hier die Jäger. Oder תְּמָרֵה? — [21] Die Pferde wittern und horchen den Feind und schnauben. — [23] Sie ist mit Erz beschlagen. I Sam. 17, 6. Ein Spiefs würde nicht auf dem Rücken getragen werden; vgl. כידן. — [24] ‚bleibt nicht sicher' für die Reiter.

Vernunft, wenn der Sperber* sich schwingt, seine Fittige
aus gen Theman breitet? [27] Oder fliegt auf dein Geheiſs
der Adler hoch, befiehlst du, daſs er sein Nest hoch baut,
[28] auf Felsen zu wohnen*, und auf Felsenzähnen und Berg-
klippen nächtigt? [29] von dort erspäht den Fraſs, weit in
die Ferne blicken seine Augen, [30] seine Küchel wollen*
Blut lecken; wo Erschlagene liegen, da saust er herab**.
40 [15] Und nun erst das Nilpferd, das ich in deiner
Nähe* geschaffen, Kraut wie ein Kind zu fressen: [16] schau
nur seine Kraft in seinen Lenden und seine Zeugungskraft*
am Nabel** seines Bauches; [17] Es regt* seinen Schwanz,
als wie** eine Ceder, die Sehnen seiner Schenkel sind
dicht verflochten. [18] Seine Knochen sind eherne Röhren,
seine Gebeine gleichen Eisenschienen. [19] Es ist der Erstling der Geschöpfe Gottes, das geschaffen ward, seinem Fest-
land* zu nahn, [20] sodaſs Ihm (ihre) Ernte die Berge tragen, wo alle Landtiere* sich lustig tummeln. [21] Unter
Lotusgebüsch schläft es, im Versteck von Schilf und Morast.
[22] Es decken es Lotus zu seiner Beschattung, rings um-
geben es Bachweiden. [23] Tritt über* der Strom, so bangt
ihm nicht; ihn stört nicht, strömt ihm ein Jordan in's Maul.
[24] Kann man ihn vor seinen Augen fangen oder ihm mit
Fallen die Nase durchbohren*?

---

[26] Einleitung S. 35. — [28] NB. Interpunction. — [30] יְלַעְעוּ dgl., oder ילעו. * הֱוָא aram. wie هوى? 37, 6. — [15] dir nah wie ein Haustier und doch so wild. Vgl. 39, 6. — [16] Zeugungsglied. * בְּשְׁרִירֵי Nabelgegend, oder בְּשָׁרְרֵי von שֹׁר. — [17] יַחְפֹּץ Causativ zu חָפֵץ wie شَغَف; r e g e Teilnahme, Reizbarkeit; r e g e s Gedächtnis حفظ. — * l a n g wie eine Ceder (nach Art eines Ochsenschwanzes): Irrtum des Verfassers, dessen Quelle nach Hörensagen erzählte. Vgl. Jordan v. 23 u. a. Correcturen wie ארן gleich أَوْنَا ‚Steinbock', vgl. Pahlawi, verwerflich, schon weil dies Tier wohl zu wenig geläufig war; auch ארז gleich سَوْن, persisch, ist bedenklich. — [19] הָעֹשׂוֹ יַגֵּשׁ חַרְבּוֹ (חרב wie مُضْغًا = חָרָבָה vgl. Gen. 1, 20 f.) — [20] S o h i e r ! — [23] dem Lande etwas abdringend. — [24] Irrtum des Verfassers.

25 Ziehst du das Krokodil am Angelhaken, senkst du
die Schnur hin seinen Zähnen*? 26 Legst du ein Binsen-
seil an seine Nase, durchbohrest mit einem Ring* seine
Wange? 27 Wird es viel Bitten an dich richten* oder
viel sanfte Worte dir geben? 28 Schlieſst du einen Bund
mit ihm, es zu nehmen zum ewigen Knecht? 29 Spielst du
mit ihm wie mit einem Sperling und bindst du es an für
deine Mädchen? 30 Feilschen um es die Genossen der
Fischergilde, teilen sie es zwischen den Kaufleuten aus?
31 Spickst du mit Pfriemen seine Haut, und mit der Fisch-
harpune seinen Kopf? 32 Leg einmal deine Hand an dasselbe, so denkst du an den Kampf und thust es nicht
wieder*: **41** 5 (denn) wer deckt seines Kleides Auſsenseite
auf, wer dringt ein in sein Doppelgebiſs? 6 Wer macht
seines Antlitzes Flügelthüren auf, wo seine Zähne Schrecken
umstarrt. 7 Sein Rücken* besteht aus Schilderbetten, fest-
geschlossen aus Quarzsiegelsteinen †: 8 eines rühret an das
andre, ohne daſs ein Hauch dazwischen dringt; 9 eines
klebt mit dem andern zusammen : sie fassen einander unzertrennlich. 10 Sein Niesen* sendet Lichtschein aus, seine
Augen erglänzen wie der Morgenröte Wimpern. 11 Aus
seinem Munde gehn Fackeln hervor, Feuerfunken ent-
schlüpfen ihm. 12 Seinen Nüstern entspringet Rauch, wie
eines angefachten Binsenmeilers*. 13 Sein Atem sprühet
glühende Kohlen, Flammen dringen aus seinem Maul.
14 Auf seinem Nacken nächtigt Stärke und vor ihm tanzt
die Angst daher. 15 Seines Fleisches Gehänge haftet zähe,
liegt straff ihm an, ohne Schlottern. 16 Sein Mut ist fest
wie Gestein, ja fest wie der untere Mühlstein. 17 Erhebt es
sich, so banget Göttern*, vor Bestürzung verfehlen sie

---

25 לְשִׁנָּו. — 26 = וּבְחָח. — 27 ff. Der Hintergedanke ist, daſs Gott das Krokodil so behandeln könnte, wenn er wollte. — 30 bis 31 Irrtümer! — 32 K. 41, 1—4, eine Interpolation s. am Schluſs des Buches. — 7 גֵּוֹה. † חוֹתָם צָר. — 10 aus dem gähnenden Rachen. — 12 כְּדוּר. — 17 göttergleichen Helden.

sich. 18 Erreicht es* einer mit dem Schwerte, so **hält** dieses nicht, noch Lanze, Hammer oder Wurfspieſs**; 19 Stroh gleich achtet es das Eisen, gleich faulem Holze Erz. 20 Nicht treibt es in die Flucht ein Schütze, in Häcksel verwandeln sich ihm Schleudersteine. 21 Dem Spreuhalm gleich achtet's die Keule und verlacht das Krachen der Streitkolbe. 22 Unter sich hat es Scherbenspitzen, einen Dreschschlitten breitet es über den Lehm*. 23 Es macht wie einen Topf den Sprudel kochend, und das Meer wie einen Würzekessel (schäumend*), 24 zieht hinter sich her einen leuchtenden Pfad, man wähnt, das Meer sei greises Haar. 25 Auf Erden findet sich nicht sein Meister, zur Unverzagtheit ist es geschaffen, 26 allem Hochmütigen schaut es in's Auge*, es ist über alle Untiere König.

40 2* Wird es der mit Schaddai Rechtende rügen**, der Kritiker Gottes es beantworten†?

3 *Es antwortete Hiob dem Jahwe und sprach* :

4 Ja ich bin gering, was kann ich antworten? Ich lege meine Hand auf meinen Mund. 5 Einmal sprach ich, und nehme nicht das Wort, bis zweimal, aber nicht noch mal.

6 *Es antwortete Jahwe dem Hiob aus dem Sturme hervor und sprach:*

7 Wohlan, schürze wie ein Krieger deine Lenden; wenn ich dich frage, belehre mich nun. 8 Auch mein **Recht** erklärst du für nichtig, machst mich zum Schuldigen, damit du gerecht seist? 9 Nun, wenn du einen Arm besitzest

---

18 2 Sam. 23, 3. † שִׁרְיָה vgl. [illegible] The history of Alexander ed. **Budge** 58, 2. — 22 Vgl. Mufaḍḍalîjât ed. **Thorbecke** 7, 27. — 23 Vorlage Hes. 24, 10. V. 24 beweist, daſs nur an die (zornige?) Bewegung des Wassers gedacht ist. מֶרְקָחָה vertritt bloſs ein Kochgeschirr ohne Beziehung auf Geruch. — 26 40, 11. — 2 1 ‚Und es antwortete Jahwe dem Hiob und sprach' überflüssig, unecht. — 3 הֲרֹב, יִסּוֹר von יסר Qal. NB, die höfliche Form; wohlwollend ironisch. — 7 כְּגֶבֶר.

wie Gott, donnern magst mit einer Stimme wie seine,
10 dann schmücke doch mit Hoheit und Erhabenheit dich,
kleide dich in Majestät und Pracht, 11 sprühe deinen grim-
migen Zorn, schau alles Stolze, demüth'ge es, 12 schau
alles Stolze, beuge es, zermalme* die Bösen auf der Stelle,
13 birg sie im Staube allzumal, kerkere ein ihren Trotz*
in der Unterwelt: 14 so will ich selber an dir loben, dafs
dir die eigne Rechte hilft!

42 1 *Es antwortete Hiob dem Jahwe und sprach:*
2 Wohl weifs ich, dafs Du Alles vermagst, und kein
Vorhaben dir zu schwer ist. 3 Wer dürfte hier unklaren Rat
erteilen, ohne Einsicht? Verkehrtes kündete ich an, was
ich nicht verstand, was zu wunderbar bleibt, zu begreifen für
mich*: 4 ‚Höre blos, so werde Ich reden; dir Fragen vor-
legen, damit du mich belehrst'. 5 Damals wufste ich nur
durch Hörensagen* von dir, aber jetzt hat dich mein Auge
geschaut: 6 Darum widerrufe ich und bereue in Staub und
Asche.

7 Nachdem Jahwe diese Worte* an Hiob gerichtet hatte,
sprach Jahwe zu dem Themaniten Eliphas: Mein Zorn ist
über dich und deine beiden Freunde entbrannt, weil Ihr
n i c h t eben so richtig über mich geredet habt, wie m e i n
K n e c h t Hiob. 8 Nun holt euch sieben Färsen und sieben
Widder, geht zu meinem Knechte Hiob, bringet ein Brandopfer für euch dar und mein Knecht Hiob möge für euch
Fürbitte thun; denn nur aus Rücksicht auf ihn werde ich
an Euch nicht als Frevel ahnden, dafs ihr über mich nicht
ebenso richtig wie mein Knecht Hiob gesprochen habt.
9 Da gingen Eliphas aus Theman, Bildad der Schuchit und *
Zophar der Naemathener hin und thaten wie ihnen Jahwe
befohlen hatte; da nahm Jahwe Rücksicht auf Hiob.
10 Als Jahwe den Hiob wieder herstellte, während der-

---

12 וְהֲדֹךְ Imper. Hi. הָדַךְ. — 13 ‚ihr (freches) Antlitz'. — 2 מאומה? יבצר denom. v. בָּצוּר. — 3 לֹא כֵן. *als ich sprach. — 5 Ps. 18, 45. Hi. 28, 22 u. s. w. — 7 seit K. 38. — 9 וצפר.

selbe für seinen Freund Fürbitte that, vermehrte Jahwe
allen Besitz Hiob's auf das Doppelte. 11 Darauf kamen zu
ihm alle seine Brüder und all seine Schwestern und alle
seine früheren Bekannte, afsen in seinem Hause mit ihm zu
Tische, sprachen ihm ihr Beileid aus und trösteten ihn ob
all des Unglücks, welches Jahwe über ihn gebracht hatte.
Ein Jeder schenkte ihm eine Kesita und jeder einen Gold-
ring. 12 Jahwe segnete das Ende Hiobs mehr als seinen
Anfang. Er bekam vierzehntausend Schafe, sechstausend
Kamele, tausend Joch Rinder und hundert Eselinnen.
13 Auch bekam er sieben* Söhne und drei Töchter. 14 Der
einen gab er den Namen Jemima, der zweiten den Namen
Kesia (Zimmt) und der dritten den Namen Kerenhappuk
(Schminkhorn). 15 Solche schönen Weiber wie die Töchter
Hiobs gab es im ganzen Lande nicht; dazu schenkte ihnen
ihr Vater Besitz unter ihren Brüdern. 16 Hiob lebte nach
Diesem hundertvierzig Jahre, sah seine Kinder und Kindes-
kinder, vier Geschlechter; 17 und Hiob starb als Greis und
lebenssatt.

---

13 שִׁבְעָה! — 14 יָמַי מָה? (wie glänzend sind meine Tage!)? Denn يمام hängt durch יוֹנָם* (ابنم) mit יוֹנָה zusammen. Gen. 36, 24 l. אֶת־הַיֹּמִם wie v. 22.

Die Reden des Elihu.

32 1 Es hörten diese drei Menschen auf, dem Hiob
[darauf] zu antworten, daſs Er sich gerecht dünkte. 6 Da
hub Elihu der Sohn des Barachel der Busite an zu sprechen:
Ich bin jung an Jahren, ihr aber seid Greise; deshalb
trug ich Bedenken und Scheu, euch mein Wissen darzulegen.
7 Ich dachte : ‚Jahre haben das Wort und Hochbetagte lehren Weisheit‘,
8 wiewohl es der Geist in den
Menschen und die Eingebung Schaddai's ist, die sie klug
macht, 9 [und] nicht die Vielbetagten weise sind und die
Alten das Recht verstehn : 10 Daher ich dachte : man wolle
Mich hören und lasse sich von mir mein Wissen darlegen!
11 Immerhin, ich wartete auf eure Worte, horchte hin, ob
kluge [Einwände kämen], bis ihr erschöpfende Gründe
vorbrächtet, 12 ich paſste auf euch auf : allein Niemand
von Euch widerlegt den Hiob und beantwortet seine Reden.
13 Denkt nicht etwa : ‚wir haben [an ihm] Weisheit gefunden : Gott, kein Mensch mag ihn verjagen‘*:
14 Noch
hat er an Mich keine Worte gerichtet, der ihn nicht mit
Euren Reden widerlegen würde.

---

2 Interpolation : 2 ‚Da entbrannte der Zorn des Elihu Sohnes Barachel des Busiters aus dem Geschlechte Ram. Gegen Hiob entbrannte sein Zorn, weil er sich selbst für gerechter hielt als Gott; 3 und gegen seine drei Freunde entbrannte sein Zorn, weil sie keine Erwiderung fanden um Hiobs Schuld zu beweisen. 4 Bisher hatte Elihu gewartet bis Hiob ausgeredet haben würde, weil sie [*so*!] älter an Tagen als er waren. 5 Als Elihu sah, daſs im Munde der drei Männer keine Erwiderung war, entbrannte sein Zorn‘. — Zu ממשפחת רם vgl. 31, 34 בוז משפחות und ואדם, mit dem Busiter verknüpft? — S. Einleitung S. 25. — 13 Gegen den Verfasser: 38, 1 ff.

[Bei sich:] 15 Sie sind verblüfft, antworten nicht
mehr, die Reden sind ihnen ausgegangen* : 16 und da sollte
ich warten? Wenn sie nicht das Wort nehmen, wenn sie
dastehn ohne mehr zu antworten, 17 so will Ich meinen Teil
beantworten, auch meinerseits mein Wissen darlegen.
18 Denn ich bin von Reden voll, der Geist in meinem Innern ist mir zu enge. 19 Ja mein Inneres gleicht einem Wein,
dem man keine Oeffnung gemacht; es platzt wie neue
Schläuche. 20 So will ich nun reden und mir Luft ver-
schaffen, meine Lippen öffnen und widerlegen. 21 Ich
werde durchaus für Niemand Partei nehmen und keinem
Menschen schmeicheln. 22 Denn zu schmeicheln verstehe
ich nicht; [auch] würde mich mein Schöpfer sofort hinweg-
raffen.

33 1 Nun denn, hör meine Worte, Hiob: merke wohl
auf alle meine Reden, 2 gieb Acht: indem ich den Mund
öffne, meine Zunge an meinem Gaumen spricht, 3 ent-
springen meine Reden aus meiner redlichen Gesinnung,
und meine Lippen drücken aufrichtige Ueberzeugung aus:
[denn]* 4 Gottes Geist hat mich geschaffen, Schaddai's
Hauch erhält mich am Leben. 5 Wenn du kannst, weise
Mich zurück, marschiere gegen Mich, stelle dich (Mir)!
6 Bin ich doch gerade so wie du von Gott abhängig, ebenfalls nur ein Stückchen Lehm: 7 also braucht Meine Majestät dich nicht zu schrecken, meine Hand* dich nicht
zu beschweren. — 8 Obschon du mit deutlichen Worten,
deren Klang ich wohl vernommen, behauptet hast: 9 ‚Ich
bin rein und ohne Vergehn, ich bin lauter und hab keine
Schuld; 10 dennoch findet Er Ursachen zur Zurückhaltung
gegen mich und betrachtet mich als seinen Feind, 11 der-
gestalt, dafs er meine Füfse in den Block legt, und meine
Pfade allzumal bewacht‘, 12 antworte ich dir: Hierin hast

---

16 Interpunction. — 3 denn ich empfinde, dafs ich von Gott abhänge, der mich für Sophismen strafen würde. — 7 Ich erfülle also die Bedingung, die du von Gott fordertest, für eine ruhige Disputation mit Ihm. * כפי vgl. 23, 1.

du keineswegs Recht, sondern Gott ist bei Weitem dem
Menschen überlegen! [13] Wie kannst du mit Ihm hadern?
Nein, vielmehr pflegt (der Mensch) nicht alle seine Worte
zu beachten. [14] Er berücksichtigt es nicht, wenn Gott einmal und zweimal [mit ihm] spricht: [15] [Erstens], im
Traume, im Nachtgesichte, zur Zeit, wo der Schlaf auf die
Menschen fällt, beim Schlummer im Bette, [16] öffnet er den
Menschen das Ohr und erschreckt sie durch Warnung*,
die er an sie richtet, [17] damit der Mensch die That und
den Hochmut von dem Manne*, der beide versteckt, beseitige; [18] zu sparen seine Seele vor der Grube und sein
Leben davor, in's Geschofs zu fahren. [19] [Zweitens]
wird jener gezüchtigt durch Leiden auf seinem Bette und
durch unaufhörlichen* Hader seiner Gebeine, [20] sodafs
sein Leben das Brot ekel findet, und sein Appetit die
Lieblingsspeise; [21] fortan entschwindet sein Fleisch dem
Blicke, seine Knochen verschleifsen unsichtbar, [22] bis fast
an's Grab kommt seine Seele und sein Leben (fast) zu*
den Toten: [23] Wenn [dann] zu seinem Schutze ein Engel*
vorhanden ist, der ihm (auch nur) den tausendsten Teil**
[seiner Schuld] verdolmetscht, dem Menschen das
Rechte für ihn sagt [24] und Ihn [Gott] mit den Worten
anfleht*: ‚Lafs ihn frei**, dafs er nicht in's Grab hinab-
steige; ich habe das Lösemittel† gefunden‘, : [25] so wird
sein Fleisch von Jugendkraft feist*, er kehrt zu den

---

[16] וּבְמוֹסָרָם יַחְתֹּם. Vgl. 4, 13 פחד, רעדה, Jes. 8, 11 ויסרני. — [17] d. h. von sich selber. Man liefre den Raub aus und beseitige den Hochmut, der das Eingeständnis verhindert. Beide stellt Hiob in Abrede d. h. versteckt sie. — [19] unheilbare Krankheit. — [22] לְמוֹ מֵתִים oder לַמְּתִים. — [23] Hier aus 16, 20 als Replik und Umbiegung, sowie 19, 26 abgeleitet: wie 9, 3 Replik. * Ohne die Hilfe dieses glücklichen Genius kommt der Mensch aus seiner Verstocktheit nicht heraus. Derselbe interpretiert ihm die Ursache der Strafe. Der Engel ist das aus dem Menschen herausgesetzte personificierte Gewissen. — [24] וַיִּתְחַנֵּנוּ oder וַיְחַנֶּנּוּ im selben Sinn. * פְּרָעֵהוּ. † Schuldbekenntnis und Reue. — [25] יְטֻפַּשׁ.

Tagen seiner Jünglingszeit zurück; 26 er betet zu Gott, von
diesem erhört; der zeigt ihm sein Gesicht, sodaſs er jubelt*, und
stellt dem Menschen die ihm gebührende Gerechtigkeit wieder her. 27 Dann verkündet er singend den Menschen: ‚[Zwar]
hatte ich gesündigt und die Wahrheit verdreht; [dennoch] ist
mir nicht Gleiches vergolten worden; 28 [denn] er hat meine
Seele davon erlöst, in die Grube zu fahren, und mein Leben
sieht (mit Freuden) das (Tag)licht.‘ 29 Lauter solche Dinge
thut Gott allerdings [bloſs] zweimal bis dreimal an dem
Menschen, 30 um seine Seele von der Grube zurückzubrin-
gen, damit sie vom Lichte des Lebens erhellt bleibe.
31 Horche Hiob, höre mich an; schweige, ich habe [noch]
zu reden! 32 Giebt es aber Gründe, so weise mich zurück;
sprich, denn ich erkläre dich gern für gerecht. 33 Giebt es
keine, so höre Du mir zu; schweige, daſs ich dich Weisheit
lehre.

[Kunstpause.]

34 1 *Es antwortete Elihu und sprach:*
2 Vernehmt ihr Weisen meine Worte; und ihr Kenner
höret mir zu: 3 denn das Ohr prüfet die Worte, wie der
Gaumen die Speise kostet. 4 Laſst uns mit einander, was
Recht ist, erwägen, unter uns erfahren, was das Beste ist.
5 Wenn Hiob gesagt hat*: ‚Ich bin gerecht, Gott hat
mir mein Recht entwendet. 6 Mein Recht sollte ich Lügen
strafen? Unheilbar ist der Pfeil* der mich unverschuldet
getroffen‘, 7 [so frage ich:] welcher Mensch trinkt Spott
wie Wasser mehr als Hiob, 8 reist mehr in Gesellschaft
mit Missethätern und wandelt mehr mit Männern des
Frevels einher*? 9 Wenn er behauptet hat: ‚Es nützt
dem Manne nichts, wenn er Gottes Zufriedenheit erstrebt‘,
10 darauf ihr verständigen Leute, höret Mich: Fern sei
von Gott Frevel, und von Schaddai Unrecht! 11 Vielmehr,
er belohnt dem Menschen seine [guten] Thaten, und läſst

---

26 Vgl. 8, 21. — 5 27, 2. — 6 vgl. 6, 4. — 8 nach 22, 15.

ihm zu Teil werden, was seinem [guten] Wandel entspricht;
12 kein Gedanke aber daran ist, dafs Gott (unschuldig) ver-
urteile und Schaddai das Recht verdrehe. 13 Wer hat ihm
denn die Erde aufgetragen, und wer den ganzen Erdkreis
geschaffen*? 14 Wenn Gott seine Aufmerksamkeit auf ihn
[den Menschen] richtete, und dessen Geist und Athem
zu sich einzöge : 15 würde alles Fleisch zumal sterben und
die Menschheit in Staub zurückkehren. 16 Ist Einsicht vorhanden, beachte Dieses; horche auf den Laut Meiner
Worte. 17 Würde ein Rechtsfeind auch einkerkern? oder
darfst du Bösewicht nennen den gewaltigsten Gerechten,
18 der zu Königen spricht* : ‚Schurke!', ‚Bösewicht!' zu
Adligen, 19 der für Fürsten nicht Partei nimmt, und den
Wohlhabenden nicht freundlicher anblickt als den Armen?
denn alle sind sie seiner Hände Werk. 20 Sie sterben plötzlich : [denn] mitten in der Nacht wälzt sich die Volksflut
daher, tritt über* und beseitigt den Tyrannen ohne An-
strengung**. 21 Denn Seine Augen sind auf den Wandel
der Menschen gerichtet und er schaut auf alle seine Schritte.
22 Es giebt weder Dunkel noch Finstere, wohin sich die
Missethäter verbergen könnten. 24 *Er vernichtet zahllose
Gewaltige und setzt andere an ihre Stelle; 25 beurteilt sie
mithin nach ihren Thaten und stürzt sie über Nacht, dafs
sie zermalmt werden, 26 und man klatscht* sie wie gemeine Verbrecher aus, wo immer man sie sieht : 27 solche,
die dermafsen von ihm abgewichen waren, und so ganz
seine Gebote vernachlässigt hatten, 28 dafs sie schliefslich

---

13 Erde und Leben = Nutzen der Menschen; vergifs den einzigen Wohlthäter des Menschengeschlechtes nicht. — 18 הָאֹמֵר, vgl. 21, 31. 40, 12. — 20 vgl. Jer. 5, 22 vgl. 46, 7. 8. *לֹא בְיָד NB. 36, 19 aram. Cstr., ‚ohne Kraftanstrengung', die z. B. ein einzelner Mörder braucht; oder : ‚mit göttlicher Gewalt' insofern als die Massenrevolution (12, 21) nur auf Gott zurückführbar ist, und als bei einer Ueberschwemmung keine Menschenhand im Spiel ist. Letzteres mehr nach dem sonstigen Sprachgebrauch. Klagel. 4, 6. Dan. 8, 25. 2, 34. — 23 hinter 28. — 24 רַע = רַץ zerbrechen. — 26 nach 27, 23. * NB.

bewirkten, dafs der Armen Notschrei zu ihm drang und
dafs er den Notschrei der Gedrückten erhörte. 28* Denn
auf niemand** nimmt er weiter Rücksicht, der etwa mit
Gott ins Gericht gehen will, [indem er spricht:] 29,Verhält
Er sich schweigend, wer soll [den Bösewicht] da verurteilen?
Verbirgt Er sein Antlitz*, [vor dem Bösen, ihn zu
strafen; vor dem Guten, ihn zu retten], wer braucht sich
um ihn zu scheren**? Ueber Völker und Menschen zumal
30 setzt er* gottlose Menschen, die dem Volke Fallstricke
legen, zu Königen!' 31 [Nicht so*,] sondern so soll
man zu Gott sprechen**: ,Ich trage [mein Leiden], will
nicht sündigen [durch Ungeduld]. 32 Da ich [meine Schuld]
nicht sehe, zeige Du sie mir.* Habe ich Unrecht gethan,
will ich's nicht wieder thun.' 33 Soll [Gott] es [Schuld und
Unschuld] etwa nach Deiner Lehre vergelten? Wenn du
[meine Gründe] verwirfst, so* solltest Du, statt Meiner,
Worte erwägen** und sagen, was Du weifst. 34 Verständige
Leute werden mir zugeben und ein weiser Mann mir
[hierin] beistimmen: 35,Hiob redete nicht mit Einsicht und
seine Worte sind nicht klug.' 36 Oh!* Hiob dürfte immerfort
geprüft werden, bei Erwiderungen, wie sie unter
Götzendienern** Sitte sind, 37 weil er seine Sünde durch
das Vergehn vermehrt, [noch] vor unsern Augen* soviel
höhnische Worte an Gott zu richten!

---

28 Zielt auf den besonderen Standpunkt Hiobs (34, 5. 9; vgl. zu עוד 33, 29), der mit Gott ins Gericht geht. Wohl Abfall von Gott, aber nicht Kritik, ist eine allgemeine Eigenschaft der gewöhnlichen Uebelthäter, die 18—27 geschildert sind. V. 23 dort nicht passend, ist wegen 29 hier erwünscht, und wegen 31. — 29 Nach 22, 13. 14. * Nach 22, 17 vgl. 21, 14. — 30 מַמְלִךְ. — 31 wie du Hiob ja thust. — * הֵאָמֵר Inf. absol. = Imper. Nifal. — 32 13, 23; 6, 24. — 33 das zweite כִּי = כִּי עַתָּה. * nämlich דְּבָרֶיךָ wie 9, 14 ,Worte erwägen' d. h. stichhaltige Gründe anführen. — 36 אָבִי nach אֶבְוֹי Spr. 23, 29. * Leuten von falschem Gottesbegriff: 13, 4. — 37 ,in unserer Mitte' nachdem er vorher in unserer Abwesenheit gesündigt hat.

35 1 *Es antwortete Elihu und sprach :*
2 Hälst du d a s für Recht, nennst du d a s : ‚ich bin
gerechter als Gott‘, 3 zu sagen : ‚Was nützt dir [o Gott],
was hast du davon, wenn ich schuldig bin‘?* 4 Ich werde
dir hierauf, und mit dir deinen Freunden*, erwidern :
5 Blicke den Himmel an und sieh; und schau auf den
Wolkenhimmel, wie er dir zu hoch ist : 6 Wenn du sün-
digst, was kannst du ihm anhaben, hast du n o c h soviel
Sünden, was ihm thun? 7 Wenn du gerecht bist, was
giebst du ihm (damit)? oder was empfängt er aus deiner
Hand? 8 [Nein,] M e n s c h e n, wie dir, [schadet] dein Ver-
brechen, Menschenkindern [nützt] deine Gerechtigkeit.
9 Ueber ‚zu grofse Rechtsvorenthaltung‘ erheben den Noth-
schrei, über ‚Gewalt‘ klagen die Meisten, 10 ohne zu bedenken ‚wo ist mein Schöpfer*?‘; ohne ihm selbst in der
Unglücksnacht Lob zu singen** [mit den Worten] : 11 ‚Der
uns vernünftiger gemacht hat als die Vierfüfser der Erde
und weiser als die Vögel des Himmels.‘ 12 Schreien sie
auf diese Weise, so erhört er sie allerdings nicht, weil sie
hochmütige Bösewichter sind. 13 Heuchelei erhört Gott
freilich nicht und berücksichtigt Schaddai keineswegs;
14 noch viel weniger, wenn du klagst, du bekämest ihn
nicht zu sehn; die Rechtsache läge vor ihm* und du
wartetest auf ihn**; 15 denn es sei keineswegs sein [Straf-]
zorn, der (dich) jetzt heimsuche, vielmehr wisse er gar
nichts von einem Vergehn*! 16 Hiob reifst vergeblich
seinen Mund auf und gebraucht einsichtslos grofse Worte.

36 1 *Und Elihu sprach ferner* :*
2 Warte nur ein bischen, so will ich dir beweisen;
denn noch hat E l i h u* Gründe. 3 Ich ehre den, der mich

---

3 ‚mir Sünde zuzuschreiben‘. Nach 10, 4 f. 22, 1; vgl. 35, 6. 8. הֹעִיל! — 4 Nicht etwa Eliphas und Genossen, sondern der Partei des Hiob : 18, 2. 27, 12. — 10 עֹשָׂי wie אֲדוֹנָי. * נֹתֵן zu אמר; vgl. 36, 13. — 14 31, 35. * 31, 36. — 15 בַּפֶּשַׁע. — 1 Andeutung der Schlufsrede. — 2 אֱלוֹהַּ, nämlich, wo kein anderer mehr etwas weifs. 32, 1.

aus der Ferne behütet*, und schreibe Gerechtigkeit meinem Schöpfer zu; [4]denn in der That, meine Worte sind ohne Lüge; mit dir redet einer, der ehrlich überzeugt ist. [5]Allerdings ist Gott übermächtig, wiewohl [darum] nicht gleichgültig, und von höchster Vernunftkraft: [6]Er läfst den Bösewicht nicht leben und gewährt den Unterdrückten Recht; [7]schenkt dem Gerechten nicht zu wenig Beachtung, und wenn es Könige auf dem Throne waren, so liefs er sie beständig erhaben darauf sitzen. [8]Erschienen sie aber in Ketten gefesselt, in den Stricken des Leids gefangen, [9]so zeigte er ihnen damit ihre Unthat und ihre Sünden, die sie im Trotz begangen hatten, [10]und öffnete ihnen das Ohr zur Zucht und mahnte, sie möchten sich bekehren vom Falschen (Götzendienst). [11]Hörten sie dann und dieneten, so verschlissen sie ihre Tage in Glück* und ihre Jahre in Wohlleben; [12]hörten sie nicht, so fuhren sie in's Geschofs und kamen unerwartet um. [13]Wenn Leute mit gottlosem Sinn unachtsam nicht einmal* um Hilfe bitten, sobald er sie gefesselt hat, [14]so stirbt ihre Seele in der Jugendfülle und ihr Leben durch heilige [Engel].* [15][Gott] sucht den Gedrückten durch dessen Bedrückung zu r e t t e n und durch Qual ihm das O h r zu öffnen! [16]Dich Eigensinnigen* hat die Wohlhabenheit, an deren Stelle niemals Einschränkung getreten war, und das Behagen an deinem mit Fett gefüllten Tisch dazu verführt, [17]dich mit dem Gericht eines Bösewichts anzufüllen*, einem Gericht und Urteil, welche** das Gift [deiner Krankheit] festhalten. [18]Es ist zu befürchten, dafs [Gott] dich durch [fortgesetzten] Ueberflufs verleiten und

---

[3] רֵעִי; Gott würde es aus der Ferne sehen, wenn ich unehrlich argumentieren wollte; 22, 13. — [11] יבלו 21, 13, wo s. — [13] אַף auch; לא bezieht sich zugleich auf ישומו scil. לִבָּם ‚nicht einmal Anstalt machen, um Hilfe zu bitten‘. Dies ist des verstockten Hiob Fall. — [14] בַּקְּדֵשִׁים 5, 1. 15, 24. — [16] מַפְצִיר Zustand zu ךָ, oder Vocat. — [17] Nach 20, 14. 16. 23. * כי Dittographie.

durch zu häufige Verzeihung [vom Rechten] ablenken
würde. [19] Kann er [nun] deinem [anspruchsvollen] Flehen
anders entgegentreten* als mit Pein und mit lauter Macht-
anstrengungen? [20] Lechze nicht nach der Nacht [des
Strafgerichts], in welcher die Völker von ihrem Platze auf-
fahren. [21] Hüte dich, dich der Täuschung [über Gott] hin-
zugeben und lieber dahin zu streben, als zu leiden.
[22] Denn Gott zeigt eine unerreichbare Macht [der Weis-
heit]; wer ist ein solcher Lehrer wie er? [23] Wer schreibt
ihm seinen Wandel vor und wer sagt: du handelst unrecht? [24] Denke daran sein Werk zu preisen, welches die
Menschen [alle] besingen. [25] Alle Menschen schauen auf
ihn: der Mensch erblickt ihn nur von ferne*. [26] Ja Gott
ist so viel, dafs wir's nicht wissen, die Zahl seiner Jahre
unendlich, [27] denn er zieht Wassertropfen heran, die von
seinem Nebel* zu Regen geseiht** werden, [28] welche der
Wolkenhimmel herabrinnen läfst, sodafs sie auf viele Menschen triefen. [29] Begreift man gar erst die Ausbreitungen
des Gewölkes, die Donnerschläge seiner Hütte*? [30] Sieh,
er breitet über es [das Gewölk] sein Licht und verdeckt
(gleichzeitig) die Wurzeln des [himmlischen]* Meeres.
[31] Durch diese richtet* er die Völker und schenkt er Speise
in grofsartiger Weise. [32] Ueber beide Hände deckt er
Licht und befiehlt diesem [zu treffen] den Angriffspunkt.*
[33] Es kündigt ihn an sein Getöse, wenn er zornig eifert*
über Missethat. **37** [1] Grade hierüber erbebet mein Herz
und springt von seiner Stätte. [2]* Hört nur seinen donnern-
den Zorn und das Brummen, das aus seinem Munde geht;
[3] er entsendet es unter den ganzen Himmel hin und sein
Licht (Blitz) bis an die Säume der Erde. [4] Hinter ihm

---

[19] 6, 4. Gegen 30, 24. — [25] 23, 3. — [27] als Sieb. * יָזֹקּוּ. — [29] d. h. der Wolke Ps. 18, 12. Jes. 4, 6. — [30] nach 38, 8 das Meer über dem Firmament Gen. 1, 7 etc. — [31] Vgl. 37, 13. — [32] Der Blitz macht Gottes Hände dahinter unsichtbar. בְּמִפְגָּע 7, 20 vgl. 38, 13 oder ohne Aenderung: ‚den Angreifer?' — [33] מְקַנֶּה אַף עַל עַוְלָה = מְקַנֵּא ; אף Genetiv. — [2] Nachahmung von K. 38.

[dem Blitz] drein brüllet die Stimme, wenn er mit seiner
stolzen Stimme donnert; und man kann sie [die Blitze]
nicht verfolgen*, wenn man seine Stimme hört.
5 Es
donnert Gott mit seiner Stimme so wunderbar! der so
Grofses schafft, dafs wir's nicht verstehn.
6 Wenn er zum
Schnee spricht: ‚Komm' hernieder', und zu den Regengüssen*:
‚werdet stark!'**,
7 versiegelt er aller Menschen Hand,
damit Jedermann* sein Wirken erkenne;
8 dann tritt das
Getier in den Schlupfwinkel ein und weilt in seinen Behausungen.
9 Durch [das Sternbild] החדר kommt der
Sturmwind; durch [das Sternbild] ‚die Worfler' die Kälte.
10 Durch Gotteshauch schafft er den Frost und die Breite
des Wassers wird fest.
11 Gar mit einem Schaustück* belädt er die Wolke, indem er sein Licht-Gewölk ausspritzt.
12 Das Gewölk wendet sich in die Runde, nach den Steuerungen, die er ihrer [der Wolken] Arbeit giebt, auf die
Fläche des Erdkreises hernieder, überall hin, wo er ihnen
befiehlt:
13 jeder bestimmt er ihr Ziel, sei es zur Geifsel, sei
es zum Lohne*, sei es zu Mitleid.
14 Hierauf horche Hiob,
bleib stehn und merk auf Gottes Wunder!
15 Weifst du,
wann Gott sich gegen sie [die Menschen] richtet, wann
das Licht seiner Wolke blitzt [auf die Sünder]?
16 Verstehst du dich auf das Gleichgewicht* der Wolken, das
ein Wunder** bleibt für den aufrichtigen Wisser?
17 du,
dem die Kleider zu heifs werden, wenn die Erde unthätig
ruht bei Südwind?
18 Kannst du mit ihm [Gott] das Fir-

---

4 יְעַקְּבֵם oder יְעַקְּבֵם wie قَصّ die Spur verfolgen. Vgl. v. 5 Ende und 38, 35. — 6 ונשם מטר Dittographie nach dem Folgenden. * וְגֶשֶׁם מְטָרוֹת עֻזּוֹ. — 7 אֱנוֹשׁ. Sie können nicht arbeiten. — 9 חדרי 9, 9. Mit Aufgang dieses Fixsterns tritt die stürmische Zeit ein; מזרות 38, 32 ‚die Worflerinnen?' — 11 רִי = רְאִי = רְאִי, mit dem Regenbogen, oder = רְאִי ‚Spiegelung' vgl. v. 18. — 13 לארצו = לְרָצוֹ Inf. absol. = לְרָצוֹן mit Vorschlagsalef wie إِذْن ‚weil er mit den Menschen zufrieden ist'. — 16 d. h. kannst du die Wolken (zur Zeit der Hitze 17) im schwebenden Gleichgewicht halten, sodafs sie nicht regnen? * Gegenstand der Bewunderung für; vgl. 26, 8.

mament so fest plätten, daſs es einem harten Spiegel
gleicht? [19] Teile uns mit, was wir ihm zu sagen hätten
[über die Weltleitung]; wir können nichts vortragen wegen
Verfinsterung. [20] Wird er Jemand [eine Schuld darum]
anrechnen*, weil ich es empfehle; oder kann Jemand drein-
reden, wenn er sie getilgt* hat? [21] Nun kann man schon
nicht in das blendende Licht [der Sonne], das am Himmel
ist, schauen, nachdem ein über diesen ziehender Wind ihn
gereinigt hat: [22] Er [Gott] aber kommt daher [leuchtender]
als das geschützteste* (kostbarste) Gold; auf Gott ruht
die furchtbarste* Pracht! [23] Schaddai erreichen wir nicht;
der allermächtigste Richter und der allergerechteste* antwortet** nicht [diesem Verlangen]. [24] Darum mögen ihn
die Menschen fürchten*; die mit weisem Verstand, sieht
er alle nicht an.

---

[20] הֲיְסֻפַּר und יִבֻלָּע Kaufmannsausdrücke. Vgl. 14, 6. — [22] מִצָּפוֹן; wie עָרוּץ 30, 6; ebenso נוֹרָא הוֹד. — [23] וְרֹב. * יְעַנֶּה. — [24] 28, 28.

Erster Versuch.

[1] Ja, Jedermanns Erwartung würde enttäuscht; könnte selbst ein Gott* seine Schrecken stürzen? [2] Niemand ist trutzig genug es zu wecken; und wer, (spricht es), kann vor mir bestehn? [3] Wer tritt mir entgegen, den ich heil liefse?* unterm ganzen Himmel bliebe er mein!** [4] Ich würde nicht schweigen zu seinem Gefasel, seinem hochtrabenden Gerede und liebenswürdigen Vortrag.

D. h. dem Menschen, der sich mir entgegenstellte, mich mit Worten kirrend oder bedrohend oder demütig lockend, bliebe ich alles dies nicht schuldig: ich griffe ihn unbarmherzig an und schlösse keine Freundschaft mit ihm. Allein im Munde des Krokodils macht dieser Vers 4 doch grofse Schwierigkeit; namentlich לא אחריש, welches nur auf Disputation gehen kann (11, 3).

Ich glaube daher, dafs Merx† insoweit Recht hat, als er vermutet, dafs K. 41, 1—4 nicht in die Krokodilsbeschreibung gehören. Aber im Munde Gottes als Monolog, vor der Theophanie 38, 1 gesprochen (wie Merx will), sind sie auch nicht schicklich; da Gott überall, wo er Hiob entgegentritt, diesen nicht so grob behandelt (בַּדָּיו), auch die Prahlerei v. 2 und 3 in Gottes Munde unangemessen ist. Wer sollte sie auch von dort entfernt haben, wenn sie jemals da gestanden hätten?

---

[1] Held oder Engel הֲגַם אֵל מַרְאָיו יֻטָל. Vgl. 41, 17. מוֹרָאִים Deut. 4, 34. — [3] וַאֲשַׁלֵּם. *Niemand unter dem Himmel entrisse mir ihn. — [4] oder: ‚Ich würde (לוֹ ihm) zum Schweigen bringen sein Gefasel‘. — † Das Gedicht von Hiob 1871 p. XCII ff.

Deſshalb ist zu vermuten, daſs 41, 1—4 eine Glosse zu 40, 32 ist, von der Hand desselben Zeloten wie 32, 2—5. Vgl. die Einleitung S. 29. Man verstehe darnach:

Zweiter Versuch.

[1] Offenbar würde seine [Hiobs] Erwartung enttäuscht werden, [wenn er mit dem Krokodil anbinden wollte]; nun will er gar gegen seinen Herrn* [Worte] schleudern? † [2] Niemand ist trutzig genug, den zu wecken. Wie sollte er — [meint Gott] — vor mir bestehen? [3] Wer mir entgegentreten, den ich gesund lieſse? Unter dem ganzen Himmel bliebe er mein. [4] Ich schwiege nicht still zu seinen Lügen, heldenhaften Worten und schönem Redestyl [wie Hiobs].

---

[1] מְרָאָיו = אֲדוֹנָיו; oder auch מֹרְאָיו. † יָטֵל.

Nachtrag.

** der Anmerkungen entspricht überall dem ** des Textes.*

S. 7 lies 1—3, 12 16 13—24 4 9 10a 5—8 10b—12.

S. 55. 14, 4 lies טָהֹר.

S. 86. 38, 25 lies וּפִלַּג.

Druck von Wilhelm Keller in Gieſsen.